I0450052

Hacia un nuevo orden mundial

by

Carlos del Ama

AuthorHouse™ UK Ltd.
500 Avebury Boulevard
Central Milton Keynes, MK9 2BE
www.authorhouse.co.uk
Phone: 08001974150

First published by AuthorHouse 11/5/2007

ISBN: 978-1-4343-1744-5 (sc)

1ª Edición por AuthorHouse. Junio 2007
2ª Edición por AuthorHouse. Octubre 2007

Library of Congress Control Number: 2007903883

Printed in the United States of America
Bloomington, Indiana

This book is printed on acid-free paper.

Agradezco al catedrático D. Luis Ruiz Maya, al profesor D. Antonio Argandeña y a D. Luis Solera Gutierrez, presidente de Tecnocom, sus correcciones y sugerencias para depurar el texto.

INDICE

La cuestión preliminar.......1

El imperio.......7
Historia.......7
Expansión y despliegue geográfico.......15
La frontera del espacio.......16
Por encima de la ley.......18
Como conclusión:.......19

La oposición al Imperio.......21
El fundamentalismo islámico.......22
Algunos rasgos característicos de la cultura árabe.......23
Las raíces del Fundamentalismo Islámico.......33
La ideología fundamentalista.......36
Religión e imperio.......40

¿Qué es la Unión Europea?.......45
La identidad europea.......49
Identidad y acción.......51
La tradición heredada.......55
Europa: Una comunidad comunicativa.......59
La acción comunicativa.......65
Función regulativa de la verdad.......65
Verdad y Persuasión.......66
Verdad y Consenso.......70
¿Qué es la verdad?.......75
La falta de verdad.......80
El lenguaje.......83
Naturaleza de la Unión Europea.......88

¿Por qué formar una Unión Europea?.......93
Solidaridad interesada.......93
Razones económicas.......97

¿Para qué una Unión Europea?.......100
Un proyecto común.......100

Misión de la Unión Europea 101

La creación de un Estado Europeo..104
Concepción del Estado 104
El Estado como Sistema. 105
Requisitos operativos. 105
La configuración física..106
Instauración y mantenimiento del sistema..107
Un estado en red[91] 108
El principio de subsidiaridad..117
Las competencias. 120
Política de defensa..123
Política interior. 124
Política tecnológica. 125
Política educativa. 125
Política económica..126

Las relaciones internacionales 132
La persona..132
El modo de ser humano 135
¿Qué tipo de hombre queremos llegar a ser? 137
La ampliación..142
El núcleo de la Unión..144
¿Dónde están las fronteras de Europa? 150
Los límites de Occidente 153
Los límites de Europa..155
La frontera del Este 157
Rusia..159
El caso turco..161
La frontera del Sur 167
La frontera del oeste 169

Una posible solución 173
Conclusión..175
Hacia un nuevo orden mundial..179
La referencia de la constitución europea al cristianismo 180

ANEXOS..183
Anexo A 183

Anexo B 188
Anexo C..192
Anexo D..195
Anexo F..199

Bibliografía..209

No habrá esperanza para el mundo a menos que los pueblos de Europa se unieran para preservar su libertad, su cultura y su civilización basadas en la ética cristiana.

Churchill, Albert Hall, 21 de abril, 1949.

La cuestión preliminar

La propuesta de Constitución Europea presentada por la Convención sobre el futuro de Europa al Consejo de Tesalónica, la ampliación de la Unión a veinticinco miembros y la guerra de Irak son acontecimientos lo suficientemente importantes para hacer de 2003 un año histórico. La propuesta de constitución se presentaba como una promesa de esperanza y la guerra de Irak abría, tras largas décadas de incuestionable alianza, una brecha entre Europa y los EE.UU. Tres años después, la constitución se encuentra estancada y la invasión de Irak continúa, sin horizonte de solución, desde aquel ayer reciente de los primeros bombardeos, cuando suenan nuevos tambores de guerra sobre el potencial de Irán para construir armas de destrucción masiva. Mañana podría ser Pakistán, origen y refugio de los talibanes, o cualquier otro punto del globo el candidato a objeto de una guerra preventiva. Peligroso concepto que amenaza a todos. Los gobiernos de España y de Italia han reconocido públicamente que la guerra de Irak fue un error, pero la ocupación continúa entre matanzas, mientras Afganistán no logra apagar sus propias llamas y el conflicto entre Israel y Palestina continúa sin ver un final pacífico. Entre tanto, Nueva York, Washington, Madrid y Londres aún lloran a sus víctimas.

Cuando el número de muertes violentas se cuentan por decenas de miles, se crea una turbulencia en el normal discurrir de los acontecimientos que hace que lo cotidiano se perciba como *problema.* Utilizo el término problema en el sentido que lo haría el conductor de un automóvil cuando, ante un anormal y persistente ruido del motor, dice a los pasajeros: "Tenemos un problema, pero no sé que puede ser".

Lo decimos con la certidumbre de que algo va mal en el mundo, pero que ni sabemos bien lo que es, ni creemos que esté en nuestra mano la posible solución, en franco contraste con el convencimiento de que es urgente que alguien haga algo. A la angustia del problema se une la desesperación de la propia impotencia. El ruido de fondo es un clamor de explosiones, impactos de piedras sobre blindados, órdenes de abrir fuego, ráfagas de automáticas, zumbido de balas, cuerpos golpeando el suelo al desplomarse, gritos de dolor, rechinar de dientes, llantos de madres... ciertamente, tenemos un problema. ¿Qué podemos hacer?

¿Qué podemos hacer? Posiblemente, fue ese mismo pensamiento el que decidió al Consejo Europeo de Laeken a convocar la Convención. Tras acordar en Laeken organizar una convención sobre el futuro de Europa, el Movimiento Europeo, bajo el auspicio de la Comisión Europea, formó un grupo académico que reflexionase sobre la organización y procedimientos de trabajo de la futura Convención y apoyase a sus miembros en su trabajo. En la primera reunión del grupo Agora[1] en el palacio de Val Dúchese, Bruselas, el 21 de marzo de 2001, surgió el tema de lo que podríamos denominar "la cuestión preliminar", sobre la conveniencia de contar o no con una Unión Europea. Uno de los profesores, solo recuerdo que fue un británico (éramos setenta y cinco), planteó sus dudas sobre la conveniencia de discutir sobre el futuro de Europa cuando no se tenía claro lo que era Europa, ni eran evidentes las razones por las que había que contar con una Unión Europea ni se sabía para que queremos una Unión Europea. Su objeción se acalló con el argumento de que la reunión se había convocado para reflexionar sobre la Convención ya convocada, zanjando la cuestión y dejando abierta "la cuestión preliminar".

Como un componente más del problema global de la convivencia en un mundo globalizado, un primer objetivo del presente trabajo es intentar dar respuesta a "la cuestión preliminar" sobre la Unión Europea. Son tres las preguntas que se hacen y se tratarán de contestar:

¿Qué es la Unión Europea?
¿Por qué una Unión Europea?
¿Para qué la Unión Europea?

El euro-escéptico que planteó la cuestión preliminar en Val Dúchese acusaba a la Unión Europea de carecer de fundamento ideológico y falta de argumentos que la justifiquen, la acusaba, en definitiva, de padecer

[1] Agora fue el nombre del grupo de profesores universitarios reunido por el Movimiento Europeo, con respaldo de la Comisión, para preparar los trabajos de la Convención. El autor fue miembro de Agora.

lo que yo denomino un *déficit ideológico.* ¿Es éste superable? Al indagar la *identidad, razón y misión de la Unión Europea* vamos a procurar fundamentar su razón de ser, buscando contribuir a saldar parte del déficit ideológico que todavía se sigue denunciando y subyace bajo las dificultades para aprobar la constitución.

Por otro lado, Jaspers[2], ya en 1950, plantea el problema de la imparable globalización, viendo necesaria una ordenación mundial que la controle. Contempla dos posibles alternativas[3]: *El imperio mundial*, bajo un único poder que imponga una paz forzada a un conjunto de masas uniformes o *la ordenación mundial,* que configure sin violencia una integración variopinta de países, fruto de una decisión común, tomada libremente como resultado de un proceso negociador. Evidentemente, queda una tercera alternativa que es dejarlo todo a la anarquía.

El problema que plantea Jaspers sobre la organización de un mundo globalizado es el otro gran tema que se aborda en estas páginas. Se analizarán las dos alternativas que Jaspers propone como dos modelos de convivencia internacional a gran escala.

Como veremos, los dos problemas planteados, el de Europa y el de la organización de un mundo globalizado, convergen en un único tema como dos caras de una misma moneda: ¿Cómo organizar la convivencia entre las naciones a lo largo del siglo XXI?

Un elemento del problema es que las Naciones Unidas, que fueron creadas por los vencedores de la Segunda Guerra Mundial para asegurarse su influencia colegiada sobre el mundo y marginar a los derrotados (recordemos que ni Alemania ni Japón podían ser miembros de la organización mundial) es una organización que, siendo eficaz como foro internacional y ámbito para resolver problemas menores, ha demostrado reiteradamente su incapacidad para resolver los problemas de fondo. El veto de los miembros permanentes del Consejo de Seguridad trunca cualquier posible acuerdo, la prepotencia de los poderosos les permite actuar al margen de la opinión del resto de los países y, en ocasiones,

[2] Jaspers, Karls. Origen y meta de la historia, Altaya, Barcelona 1995.

[3] Karl Jaspers, O.c., 2-II.B.1, pag. 255.

contra la opinión de sus propios ciudadanos, y la falta de autoridad de la ONU tolera que sus resoluciones se acumulen ignoradas sobre papel mojado.

Un atisbo de esperanza se vislumbra en el reconocimiento de que la Unión Europea implica una nueva forma de entender las relaciones internacionales que conviene estudiar y tener en cuenta a la hora de considerar el concierto de las naciones en un mundo globalizado. La tesis que se propone afirma que en las relaciones internacionales, la acción comunicativa, el entendimiento y la cooperación proporcionan mayor beneficio a los pueblos que la acción de dominio, la violencia y el enfrentamiento; consiguiéndose de la colaboración un resultado superior al que se obtiene de la confrontación e, incluso, superior al que se logra mediante la acción independiente y competitiva. Un sencillo ejemplo numérico demostrará esta verdad.

Descubriremos que la Unión Europea es una *comunidad comunicativa* que ha renunciado a la violencia entre sus miembros y actúa buscando la coordinación mediante *acciones comunicativas*. Analizaremos la acción comunicativa como acción consensuada mediante la búsqueda conjunta de la verdad por medio del lenguaje. Ello nos llevará a indagar brevemente sobre lo que entendemos por verdad y a reflexionar sobre los requisitos del lenguaje como medio de comunicación eficaz.

Utilizaremos como principales pautas y "pre-textos" el libro de Heidegger *Ser y tiempo*, y la *Teoría de la Acción Comunicativa* de Habermas. Como principal argumento a favor de la colaboración se utilizará una revisión de la tesis de Nash sobre el equilibrio estratégico, en una versión que llamaremos de *solidaridad interesada,* que se logra cuando las estrategias son consensuadas a priori y los beneficios asimétricos se reparten entre los actores más desfavorecidos tras una negociación entre todos. No faltarán quienes critiquen citar a Heidegger ni quienes censuren, por razones ideológicas contrarias, mencionar a Habermas. Pero las buenas ideas son patrimonio de la humanidad al margen de las biografías de los pensadores.

El problema de fondo radica en el hecho de que, frente a lo que venía ocurriendo en siglos anteriores, ahora, en un mundo globalizado, el prójimo es, cada vez más, un extraño; por lo que el modo de ser del hombre tiene que encontrar nuevas formas de ser como ser social. Tomando la idea de Heidegger sobre ese "ser ahí"[4] que es el hombre como un "ser en el mundo", encontramos que los seres humanos hemos pasado de "ser en varios mundos confinados y yuxtapuestos" a "ser en un único mundo abierto y compartido", en el que el "vivir" se ha transformado en un "convivir de todos con todos", tanto gentes afines como diferentes, cercanas o remotas, familiares y extrañas. Nuestro reto será analizar cómo debieran ser las nuevas estructuras del orden mundial para que faciliten nuestra convivencia como individuos y entre naciones. El estudio de esa nueva relación con el mundo, un mundo conformado por la información y conocido a través de los medios de información, instituciones que determinan nuestro conocimiento del mundo como relación mediatizada entre sujeto y objeto, encontrando que vivimos en un mundo cognoscitivo[5], un mundo simbólico y cultural. Al tomar en consideración otras personas con quienes hemos de compartir el mundo conocido, al reconocer que todo vivir es un convivir, lo primero que se habrá de compartir será nuestro conocimiento de ese mundo mediante la comunicación. Muchos de los problemas de convivencia parten del enfrentamiento entre diferentes visiones de la realidad.

Mientras que las estructuras políticas siguen estructurando el planeta en regiones acotadas, delimitadas por fronteras y frecuentemente enfrentadas, la globalización está haciendo que el mundo deje de estar fraccionado en planta para estar estratificado a todo lo ancho y largo del planeta. Las relaciones se establecen no tanto en el interior de los países cuanto entre diferentes capas sociales que traspasan las barreras territoriales: Los Jefes de Estado, los científicos, los deportistas, los productores de petróleo, los inversores financieros...la lista es interminable. Cada grupo mantiene sus encuentros, sus publicaciones y sus redes de Internet, sus

---

[4] "La ciencia puede definirse como un conjunto de proposiciones verdaderas conectadas por relaciones de fundamentación. Pero esta definición ni es completa, ni da en el sentido último de la ciencia. Las ciencias tienen, en cuanto modos de conducirse el hombre, la forma de ser de este ente (el hombre). Este ente lo designamos con el término "ser ahí" (*da sein*). Heidegger, *Ser y tiempo*, cap. 1 – 4, pag. 21..."Ateniéndose al punto de partida fijado a la investigación, hay que poner en libertad en el "ser ahí" una estructura fundamental: el `ser en el mundo'." O.c. pag. 53.

[5] Heidegger, *El ser y el tiempo*, Fondo de Cultura Económica, Madrid, 1967 pag 75.

proyectos conjuntos, sus intereses comunes, sus fuentes de información, sus cursos de formación, sus llamadas telefónicas, su correspondencia... sin consideraciones de fronteras nacionales y al margen de los otros grupos sociales.

El plan de la obra es evaluar el actual modelo imperial y el emergente modelo europeo junto con alguna otra alternativa de las que se ofrecen como respuestas a la globalización o como amenazas a la convivencia global, a fin de elaborar propuestas sobre la nueva Unión Europea constitucional y su función en un mundo globalizado, para terminar proponiendo un nuevo orden mundial que facilite la convivencia de todos y con todos. Empezaremos hablando de la situación actual, es decir, comencemos por hablar del imperio.

El imperio

"The business of America is business"
La empresa de América son los negocios
Presidente Calvin Coolidge, 1923-1929

El presupuesto de defensa de USA aumenta un 7% y se eleva a 463 mil millones de dólares para el año 2007.
Center for Defense Information,
Winslow T. Wheeler Report.

Historia

Tras la caída del muro de Berlín, el mundo ha abandonado la guerra fría para pasar del sistema bipolar de la post-guerra a un mundo monopolar regido por los Estados Unidos de América. Pero ¿qué son los EE.UU.?

Para comprender a los EE.UU. hay que empezar por recordar que los puritanos peregrinos que el 11 de noviembre de 1620 desembarcaron del Mayflower en Plymouth, bajo las órdenes de William Brewster y William Bradford, constituían una pequeña empresa mercantil de la que ambos eran los principales accionistas. El órgano decisivo de la colonia era el *General Court*, una junta general de accionistas en la que todos los colonos se reunían para elegir a los administradores y fijar las contribuciones. El mismo esquema se repitió en otros casos, como con la Massachussets Bay Company en 1626 y la Virginia Company, la cual integra dos empresas fundadas mediante una carta del rey James I otorgada en 1606 como empresas por acciones: La Virginia Company of London y la Virginia Company of Plymouth. Los estatutos de ambas dejan claro el objetivo: hacer beneficios. La fundación de la colonia de Salem en 1626 por Roger Conant, con una treintena de colonos, se hizo con fondos de la Dorchester Company, cuyo jefe era John White. En 1628 se funda la Compañía de Nueva Inglaterra y al año siguiente la de Massashussets. Los holandeses siguieron la misma política, fundando compañías como la del Hudson en 1915 y la de Nueva Ámsterdam, que, tras la bancarrota de la compañía, terminará por pasar a manos inglesas y llamarse Nueva York.

A diferencia de las compañías británicas y holandesas que colonizaron Oriente, como la famosa East India Company, las empresas que colonizaron Norteamérica se caracterizaban por el hecho de que los principales accionistas iban en la expedición y se llevaron con ellos las escrituras de constitución.

La estructura mercantil permitía la autonomía de gestión de los asentamientos y la distribución de acciones mercantiles propiciaba el derecho a participar en las decisiones y en los beneficios, lo que dio lugar a un fuerte espíritu de independencia, a una peculiar sensibilización a la democracia por derecho y a la concepción del estado como entidad contractual con fines mercantiles, lo cual culminaría en el concepto del Corporate State que comentaba Galbraith[6], cuando analizaba la realidad de los EE.UU. de la segunda mitad del siglo XX. Los colonos eran conscientes de que los indios poseían derechos de propiedad de las tierras que ocupaban, por lo que establecieron o simularon contratos de venta de las tierras que los indios posiblemente no entendieron. Es famosa la compra de la isla de Manhattan a los indios en 1626 por Peter Minuit, gobernador de la West India Company, por 24 dólares.

Los Estados Unidos, entonces colonia, declararon su independencia de Gran Bretaña, el 4 de julio de 1776 para no pagar dividendos al Reino Unido por las transacciones de té. Inicialmente, los estados trataron de conservar su soberanía e independencia dentro de una confederación flexible, pero su intento demostró ser ineficaz. En consecuencia, en 1789 adoptaron una nueva constitución que establecía una unión federal subordinada a un fuerte gobierno central, sustituyendo los intereses cruzados por la creación de un único *holding* integrador al que llamaron Estado Federal y cuyo principal servicio era garantizar la seguridad común y favorecer las transacciones comerciales en calidad de socio.

Una vez consolidadas las fronteras iniciales, la expansión no se realiza tanto por el tradicional sistema de conquista territorial, como por un

[6] The New Industrial State, John Kenneth Galbraith, 1967.

proceso de adquisiciones: ocupaciones y compras. Tras la fracasada conquista del Canadá en 1812 y la paz del Tratado de Ghent, la expansión se vuelve hacia el sur con las compras de Florida y Luisiana. En 1836 se apoya la revolución de Texas. El presidente James Polk propone a los mejicanos la compra de los territorios al norte de Río Grande desde la frontera de Luisiana, pero la falta de acuerdo lleva a la guerra de 1846 a 1848 y el intento de compra se convierte en la adquisición por la fuerza de los estados mejicanos de California y Nuevo Méjico, junto con la anexión del territorio de Texas. Louisiana es comprada a Francia en 1803, por 15 millones de dólares, convirtiéndose en Estado en 1818. La conquista del oeste, tras Arizona y Nevada, lleva la frontera hasta el mar y completa la expansión continental con la compra de Alaska a Rusia en 1867, por siete millones de dólares con sus escondidas riquezas auríferas y petrolíferas y la conocida riqueza pesquera, clausurándose la expansión continental de la USA Co. La realidad de los Estados Unidos se muestra en que corporativamente son, razonan y actúan como lo que fueron desde sus orígenes: un grupo empresarial con afán de expansión y lucro. Eso hace que vean a los otros países como potenciales clientes, proveedores, competidores y, a algunos pocos, incluso como socios.

La compra de Florida a España se realizó en 1819 como una operación inmobiliaria autofinanciada con un *cap* de 5 millones de dólares. Como dice el artículo XI del tratado entre John Quincy Adams, Secretario de Estado, y Luis de Onis, Regidor de Salamanca, de 22 de febrero de 1819:

> "*Mediante el pago por un máximo de cinco millones de dólares, que será efectuado por los Estados Unidos, ya sea inmediatamente o mediante la emisión de bonos al seis por ciento de interés anual, pagaderos de los fondos que se obtengan de la venta de las tierras cedidas a los Estados Unidos, o cualquier otro medio que el congreso de los Estados Unidos prescriba por ley.*"

Es decir, La Florida se fue pagando a España con los ingresos obtenidos por su parcelación. La operación recuerda la compra de cierta finca[7] que fue pagada a plazos con el producto de la venta de camiones de tierra sacada de la propia finca.

---

[7] En Balsicas, Murcia (España).

La apertura de China al comercio occidental tras la victoria británica en la primera Guerra del Opio (1839-1842) y la de Japón en vísperas de la revolución Meiji, despertó el interés de los Estados Unidos por el mercado del Pacífico. En 1853-1854, el comodoro norteamericano Perry, mediante la amenaza de la flota, obligó a los japoneses a abrir puertos al comercio exterior. En 1875, Estados Unidos ofreció un tratado comercial a las islas Hawai, convirtiéndolas de hecho en un protectorado norteamericano. En 1887 obtienen la concesión de Pearl Harbour como base naval. En 1893, un golpe de Estado contra la reina Liliuokalami, promovida por hombres de negocios y plantadores de azúcar de Honolulu, con el apoyo del embajador norteamericano, estableció una República, que solicitó la anexión a Estados Unidos. Si bien el presidente Cleveland, quien era un convencido antiimperialista, la rechazó, restaurando la Monarquía de los aborígenes; en 1898, el Presidente McKinley la aceptó durante la guerra contra España que concluyó con la adquisición de las islas Guam y de las Filipinas, cuya conquista no fue una liberación, pues la total ocupación por los americanos no se produjo hasta derrotar a los guerrilleros de Emilio Aguinaldo en 1902. En 1899, Estados Unidos ocupó las islas Wake. En ese mismo año, negociaba con las potencias europeas posesiones en Samoa y la apertura de puertos francos en China. Como resultado de todo ello, los EE.UU. se afianzaron como potencia oceánica en el Pacífico, extremando su rivalidad comercial con Japón hasta llegar a la confrontación militar.

Se puede decir que el proyecto imperial de los Estados Unidos de América se inicia, ante la negativa de España de venderles sus posesiones en el Caribe, provocando las conquistas de Cuba y Puerto Rico, que se completaron con las conquistas de Guam y Filipinas en el Pacífico, conquistas que "de paso" se redondearía con la anexión de Hawai y las islas Wake. Tanto Cuba como Filipinas terminaron por alcanzar su independencia, pero ahí quedaron sendas bases, la de Guantánamo en Cuba, junto con las de Cavite y Subic Bay en Filipinas, además de la de Fort Buchanan en San Juan de Puerto Rico. Ya en 1854, el presidente Pierce había intentado comprar Cuba a España, apoderándose de ella tras la guerra, por el Tratado de París del 10 de diciembre de 1898.

Como ejemplo de las transacciones que propiciaron el establecimiento de bases, podemos ver como, en marzo de 1901, el Congreso estipuló las condiciones para retirarse de Cuba mediante el Platt Amendment, recortando los poderes del gobierno cubano y exigiendo como condición la concesión de una base naval permanente en la bahía de Guantánamo y la supervisión de los asuntos políticos y económicos de la isla. Las autoridades cubanas aceptaron y el 20 de marzo de 1902 se estableció la República de Cuba con la presidencia de Tomás Estrada Palma bajo tutela estadounidense, iniciándose el nuevo régimen de Guantánamo. Tras el tratado de París, por el que España cede sus derechos a los EE.UU., la ley Foraker impone el gobernador de Puerto Rico quien será nombrado por el Presidente norteamericano. Se había iniciado el imperio sin colonias y la expansión posicional mediante el establecimiento de bases militares y la creación de estados filiales y participados. El Ajedrez imperial de los siglos anteriores había sido sustituido por el Go imperial.

Quienes están al timón de la gran corporación norteamericana no son hombres de estado, sino los Ford, Carnegie, Morgan, Rockefeller, Kennedy, Armour, Cooke, Bush, Vanderbilt, Bill Gates y similares. Hombres de empresa acostumbrados a dirigir sus propios imperios económicos y familiarizados con el ejercicio del control mediante el nombramiento de consejos de administración y directores generales a sueldo.

Las múltiples invasiones[8] y acciones encubiertas de los EE.UU. en países hispanoamericanos que se suceden a lo largo del siglo XX, suelen buscar coberturas legales, siendo frecuente el recurso al Corolario Teodoro Roosvelt, a la Doctrina Monroe. Es decir, utilizan sus propias leyes como leyes internacionales.

Por el tratado Hay-Pauncefote de 18 de noviembre de 1901, Gran Bretaña concedió a Estados Unidos el derecho que poseía para la construcción

[8] La lista de intervenciones al sur de Río Grande incluye, entre otras, la de Panamá 1903, las de Cuba 1906-09, 1912, 1917-22 y el desembarco en la Bahía de Cochinos en 1961, Santo Domingo 1905-07 y 1916-24, Haití 1915-34, Honduras en 1912 y Nicaragua en 1909, 1912, 1926-33, en Méjico en 1914 y 1916, el Golpe de Guatemala a instancias de la United Frut en 1954, golpe contra el Presidente dominicano Juan Bosh en 1963, golpe de estado contra Joao Goulart en Brasil en 1964. A los que hay que añadir la intervención de la República Dominicana en 1965, la de Granada en 1983. Junto con la nueva invasión de Panamá en 1989 y el Golpe contra Salvador Allende en Chile en 1973.

y control de un canal en Centroamérica, Proyecto que se realizó tras la segregación de Panamá de Colombia y la consiguiente ocupación de Panamá en 1903.

Fuera de América hay que destacar las intervenciones en Europa en 1917 y 1942 la participación en el derrocamiento de Mohammed Mossadegh en Irán en agosto de 1953 por haber nacionalizado el petróleo, las guerras contra Japón, Corea y Vietnan y la lista concluye, de momento, con las intervenciones en Afganistán e Irak, con el apoyo de bases norteamericanas en Arabia Saudita, Kwait y Paquistán. En la prensa están las informaciones sobre los contratos de reconstrucción de infraestructuras y explotación petrolera en los países invadidos de los que se benefician las empresas estadounidenses.

El esfuerzo bélico de la primer guerra europea fue coordinado por el financiero Bernard Baruch y tras la paz de Versalles tanto los empréstitos americanos a las potencias europeas como las deudas de guerra de Alemania era cuantiosas. La segunda guerra mundial se culminó con la ayuda financiera del Plan Marshall y la adquisición o desmantelamiento de numerosas plantas alemanas cuyos equipos e ingenieros fueron trasladados a los EEUU. Operación análoga a la efectuada por los rusos en su zona.

El presidente William Taft (1909-1913) concibió la política de sustituir la presencia militar por la inversión financiera, concediendo créditos a Guatemala, Haití y Honduras, a cambio de gestionar los derechos aduaneros de estos países por administradores estadounidenses. Tras la invasión de Nicaragua en 1912, los Estados Unidos impusieron al recaudador de aduanas, junto con el control del Banco de Nicaragua por bancos de Nueva York. El tratado Bryan-Chamorro de 1914, por el que Estados Unidos concedía un préstamo de tres millones de dólares a Nicaragua, que otorgaba a cambio el derecho a construir un canal a través del país y el establecimiento de una base naval en el país. En 1915, en Haití y en 1916, en Santo Domingo se establecieron sendos protectorados.

El presidente Wilson (1913-1921) albergaba el plan de un nuevo orden internacional al final de la primer guerra mundial, basado en una organización internacional colectiva y democrática que garantizase la paz, pero un derrame cerebral terminó con el primer proyecto de sociedad comunicativa global, reencauzando la política exterior por la vía del imperio, camino que llevó al choque frontal con Japón y el lanzamiento de dos bombas atómicas.

Los obsoletos destructores que los EE.UU. acordaron entregar a un Reino Unido en guerra, fueron a cambio de territorios británicos en ultramar, desde la Indias Occidentales a Terranova. El acuerdo de los destructores se hizo público el 3 de septiembre de 1940 como el "Bases for Destroyers Deal". No se trataba de un tratado internacional, sino de un negocio. Como consecuencia del "Bases for Destroyers Deal", que, como su nombre indica, es una mera transacción mercantil, y en virtud de la cual, las tropas americanas establecieron en 1941 las bases de St. John's, Argentia y Stephenville. Las dos primeras como bases navales, construyéndose un aeropuerto militar en Stephenville para el abastecimiento de los aviones que se estacionaron en Gander. Las tropas americanas se establecieron en un número de pequeñas comunidades estratégicamente importantes como la base de hidroaviones de Botwood. La carta Atlántica, redactada en la cumbre de Placentia Bay, Terranova, el sábado 9 de agosto de 1941 entre Churchill y Roosevelt, en el punto 3 garantiza el "derecho de todos los pueblos a elegir la forma de gobierno bajo la que vivirán". Punto que, como declaró en la Cámara de los Comunes, Churchill consideró que era aplicable principalmente a las "naciones de Europa en la actualidad bajo el yugo nazi", pero que en la práctica fue la fórmula para asegurar la concesión de la independencia a la India y el desmembramiento del resto del imperio británico, así como la base para el desmantelamiento de todos los imperios europeos salvo el ruso. De esta forma, no sólo Alemania e Italia perdieron sus posesiones, sino que tanto Francia, como Holanda y Bélgica, incluso España y Portugal, terminaron por perder lo poco o mucho que poseían en 1940. El comunicado de Placentia Bay fue conocido como la Carta Atlántica. Curiosamente, las redes coloniales europeas fueron reemplazadas por redes comerciales y financieras norteamericanas, junto con un rosario de nuevas bases militares con barras y estrellas.

Por ejemplo, tras el abandono de Francia en Indochina, entraron los americanos en Vietnan como asesores militares. Pero el factor más importante del nuevo orden fue el proceso de diversificación industrial que siguió la USA Co., cuya sección militar se fue convirtiendo en la mayor empresa de servicios de seguridad y defensa del mundo y la principal productora y suministradora de armamentos del planeta, cuya filial europea, NATO, se quedó con el monopolio de la defensa del continente europeo.

La originalidad del nuevo imperio consistía en que, frente a la vieja fórmula del colonialismo territorial de los imperios portugués y español que se iniciaron con espíritu explorador y misionero (recordemos la frase de Isabel la Católica a Colón de "buscar almas para Dios y tierras para España"), buscando una contrapartida monetarista que se concretó en la obtención de metales preciosos, un tipo de colonialismo que había sido sustituido por los imperios comerciales de Inglaterra, Holanda y Francia, en busca éstos de materias primas y rutas comerciales, se caracterizaba el americano por un neocolonialismo financiero y de servicios. Un imperialismo en busca de participaciones en la riqueza y el poder de otros países que eran vistos como corporaciones filiales. Si la fórmula física de los imperios ibéricos era la colonización, es decir, el envío de colonos que trabajasen la tierra, según la tradición mediterránea de Griegos y Fenicios, y la fórmula británica-holandesa era la de establecer factorías (centros comerciales que gestionaban algún factor económico) y enclaves comerciales, la fórmula del nuevo modelo consistía en mantener algún tipo de gobierno local independiente pero afín, controlado financiera y políticamente por la potencia imperial que actuaba como inversora, protectora y asesora, a la espera de asegurarse recursos, oportunidades de negocio o cobrar dividendos, asegurando sus inversiones desde la presencia en alguna base militar de la zona, bases que en muchas ocasiones estaban sujetas a un contrato de alquiler. Como ya habían descubierto las anteriores experiencias imperiales, a todo imperio le es vital asegurar sus rutas de comunicación.

Como consecuencia de la política neocolonial y aprovechando las oportunidades que las guerras iban proporcionando, los EE.UU. terminaron con un despliegue militar que cubre el planeta, mediante una densa red de bases navales y aeroportuarias que aseguraban el control de las rutas marítimas y aéreas a lo ancho y largo del planeta. Fórmula que, durante toda la época de la guerra fría, utilizaron tanto Rusia como los

EE.UU., con la diferencia de que mientras las inversiones americanas en los países filiales contribuían a la modernización y el desarrollo de esos países, Rusia se financiaba a costa de incrementar su deuda externa con préstamos preferentes obtenidos de los países satélites y déficits comerciales. Ambos bloques completaban la operación mediante ventas de armas y servicios en materia de defensa.

Frente a la política colonial británica de establecer enclaves comerciales y bases militares que aseguren las rutas comerciales, los EE.UU. negocian el establecimiento de bases militares que garanticen una presencia que, además de asegurar las rutas comerciales, sirvan de escaparates del arsenal en venta, así como de apoyo de potenciales servicios de asesoría militar, seguridad y defensa, desplieguen medios para proteger sus inversiones y, además, aseguren las rutas del imperio como centros de abastecimiento y apoyo logístico de sus fuerzas de intervención, especialmente de aviones y portaviones. A la lista de las bases militares hay que añadir el despliegue de los portaviones, bases móviles que pueden operar desde cualquier mar.

Expansión y despliegue geográfico

Estados

La expansión territorial se inicia con la sucesiva incorporación de estados. La Unión de 13 estados que la inician en 1777 va creciendo con sucesivas incorporaciones a lo largo de siglo y medio hasta convertirse en cincuenta estados en 1960 con la incorporación de Hawai.

Territorios

Además de los estados, son territorios norteamericanos: Puerto Rico, las Islas Marianas Septentrionales, Guam, las Islas Vírgenes Americanas y Samoa Americana. Las posesiones de Estados Unidos incluyen las islas Wake, Midway, Jarvis, Howland, Baker, Atolón Palmira, el atolón Johnston, y el arrecife Kingman en el Pacífico. Estados Unidos, bajo los auspicios de las Naciones Unidas, administra la Republica de Palaos. Dos entidades, los estados federados de Micronesia y la República de las Islas Marshall, se han convertido en estados soberanos, con gobierno propio y una asociación libre con Estados Unidos (Anexo D).

Bases americanas fuera de los EE.UU.
Además de los territorios que forman parte del territorio nacional estadounidense fuera de los EE.UU, los Estados Unidos han ido instalando bases militares y desplegando su flota a lo ancho del planeta. (*Anexos A y B*).

La frontera del espacio

A los ejércitos convencionales, hay que añadir el despliegue espacial norteamericano, tanto en satélites de todo tipo como su demostrada capacidad para establecer una base permanente en la luna. Como analiza Benjamin S. Lambeth en su libro *Mastering the Ultimate High Ground: Next Steps in the Military Uses of Space*, la militarización del espacio es la última frontera del imperio. En septiembre del 1982 la Secretaría de Defensa asignó al ejército del aire la competencia militar del espacio y se procedió a la creación de un Air Force Space Command. En una directiva de febrero del 2002 se aclaran las líneas de mando y las responsabilidades ejecutivas. La asignación de un programa presupuestario, un MFP (Major Force Program) dota de medios al mando encargado del desarrollo militar del espacio, inicialmente con capacidad de potenciar y gestionar la inteligencia, vigilancia y reconocimiento IRS (*Intelligence, Reconnaissance and Surveillance*), pero con capacidad para desarrollar programas militares espaciales que protejan los satélites americanos y que podrían hacer que el plan de la guerra de las galaxias llegara a dotar al ejército americano de satélites armados y el desarrollo de naves espaciales armadas, pilotadas o no, con bases en la tierra, pero que también podrían utilizar bases en la cara oculta de la luna. Una de las preocupaciones del programa es la vulnerabilidad y protección del sistema IRS, pero el objetivo final es un control militar efectivo del espacio. El 19 de abril de 2002 el AFSPC se convierte en un mando separado, al mando de un general de cuatro estrellas con el nombre de AFSPC diferente del US Space Command y del NORAD.

La principal base de misiles es la Vandenberg Air Force Base, donde se encuentra el Air Force Space Command. Está en California, a 60 millas de Santa María. La Base de Pine Gap recibe la información que emiten un número de satélites geoestacionarios SIGINT, especialmente de los satélites fabricados por TRW Space Systems en Redondo Beach,

California. Son satélites bajo el control de la CIA que a su vez depende de la National Reconnaissance Office, NRO.

La potencia militar. Con un presupuesto militar de $463 mil millones de dólares para el ejercicio del 2007, lo cual supone el 17% del presupuesto del estado y el 3,9% de PNB, a los que hay que añadir los costes de la guerra de Irak que fueron objeto de un presupuesto extraordinario de unos $100.000 millones de dólares/año en ejercicios anteriores, los Estados Unidos tienen del orden de 1.350.000 personal en activo, cuentan con 18 divisiones, 19 alas de combate aéreo y 290 buques de guerra[9] aparte de los arsenales de misiles, principalmente Minutemen III y los Tridents para los submarinos. Según el New Vision Statement, se van a producir reestructuraciones y un desplazamiento de bases permanentes hacia el Este de Europa y Asia Central. Llama especialmente la atención la base americana de Keflawick, en Islandia. Se justificó durante la segunda guerra mundial para apoyar los comvoyes del Atlántico, luego se aplazó su desmantelamiento, solicitado por el Parlamento Islandés, por motivos de la guerra fría y terminada la guerra fría... allí sigue.

En septiembre del 2001 se imprimía el estudio cuatrianual de la defensa *Quadrennial Defense Review [QDR]* del Presidente Bush, realizado bajo la dirección del General Eric Shinseki, el primer general americano de origen japonés que alcanza ese rango, con el objetivo de transformar al ejército norteamericano en una fuerza más ligera de intervención rápida capaz de ocupar el terreno, como ha sido necesario en Irak. El informe surgía en la polémica sobre el papel de las tropas de tierra en la guerra moderna. El Secretario de Defensa, Donald Rumsfeld, era partidario de potenciar la capacidad destructiva desde el aire y disminuir las tropas de infantería, reduciéndolas de diez a ocho divisiones operativas.

En el *Quadrennial Defense Review del 2006* se cuestiona la adecuación de los recursos a las misiones ante el fracaso en la pacificación de Irak. Surgen dos nuevos conceptos: guerra irregular y creación de estados, las dos asignaturas pendientes en Irak y Afganistan. Como consecuencia, se propone incrementar la capacidad de las fuerzas de ocupación con mayor capacidad para controlar un territorio y se potencia la Army

[9] Fuente: Center for Defense Information, Winslow T. Wheeler Report.

Future Combat System, soldados dotados de sensores que permiten al alto mando conocer desde el cuartel general tanto la posición de cada soldado como sus constantes vitales en tiempo real. El plan propone retirar los F-112 y los U-2 e introducir 322 nuevos UAV, aviones no tripulados. Los bombarderos B-2 Spirit[10] indetectables quedan como armas preferentes, junto con los Minuteman III y los misiles Trident de los submarinos. La estrategia se decanta por potenciar la capacidad de destrucción aérea sobre la lucha en el terreno.

Respecto a la potencia nuclear, se estima[11] que los EE.UU. poseen unas 10.300 cabezas nucleares, habiendo realizado, desde el 16 de julio de 1945, 1.127 pruebas nucleares entre aereas y subterraneas.

Por encima de la ley

Toda esta capacidad destructora no está sujeta al derecho internacional. Sistemáticamente, los Estados Unidos se niegan a reconocer cualquier tipo de derecho internacional al cual puedan estar sometidos, y rechazan firmar cualquier tipo de tratado que defina las leyes de la Guerra. Se han negado a firmar la Declaración de Prohibición del Uso de Armas Termo-Nucleares de 1961; la Resolución para no hacer Uso de la Fuerza en las Relaciones Internacionales y la Prohibición Permanente del Uso de Armas Nucleares de 1972; la Resolución para la Definición de Agresión; los Protocolos Adicionales de la Convención de Ginebra de 1977; la Declaración de la Prohibición de Armas Químicas de 1989 y el reconocimiento del Tribunal Internacional. La experiencia de la guerra de Irak ha dejado claro que los EE.UU. están dispuestos a utilizar su poder con o contra el parecer de sus aliados y al margen del derecho internacional, aunque, como de costumbre en las intervenciones militares de los EE.UU. a lo largo de su corta historia, se intenten guardar las formas y buscar justificaciones.

[10] Con un coste de 2.200 millones de dólares por unidad.

[11] Datos publicados por Le Monde en su edición de 12 de octubre de 2.006, pagina 22.

Como conclusión:

Vemos como, desde mediados del siglo XIX, hay una clara estrategia por parte de los Estados Unidos de ocupar territorios, establecer bases militares estratégicas con cada ocasión que se presente y potenciar su capacidad de maniobra naval, aérea y espacial mediante una serie de planes escalonados para el desarrollo de su potencial militar con la tecnología punta de cada momento. Con cada guerra en la que han intervenido los EE.UU. llevan a la práctica un estudiado plan de instalación de nuevas bases.

Tras la ocupación de Afganistán e Irak, en la retaguardia de Rusia, Europa, la India y China, podemos afirmar que dominan militarmente al mundo, con capacidad para intervenir en cualquier parte del planeta y potencial para librar con éxito al menos dos guerras simultaneas en dos continentes distintos. El control espacial añade una capacidad hoy por hoy incontestable por ninguna otra nación. El poder hegemónico de los Estados Unidos se impone e impone. En materia de defensa, Europa y el mundo han de acatar el liderazgo norteamericano y reconocer la estructura monopolar del planeta.

El breve repaso histórico que hemos hecho sirve para ilustrar la realidad de la actual situación imperial:

- Los EE.UU. cuentan con un poder militar muy por encima de cualquier otro país o federación de países, con el que dominan al mundo.
- El poder militar se refuerza con un enorme poder económico y político que le proporciona una total hegemonía mundial.
- El poder hegemónico recae en una nación tradicionalmente expansionista. La expansión actual cubre el mundo y domina el espacio exterior.
- Sus formas de gobierno son empresariales y su criterio de actuación es la rentabilidad[12].

[12] Cuando McNamara estudió el desarrollo de los Polaris, el criterio para elegir entre misiles de largo alcance, superfortalezas volantes o submarinos con cohetes, fue el coste del *megamuerto*. Es decir, cual era el sistema que podía producir un millón de muertos más barato a miles de kilómetros de distancia.

- Se fomenta el clientelismo estatal como modo de control mundial.
- Padece una incoherencia ideológica entre su defensa de los valores de libertad y democracia en el interior del país y el desprecio de esos valores en las relaciones internacionales.
- Actúa con impunidad al margen de toda ley internacional, haciendo uso de la fuerza siempre que les resulta rentable.

Frente a esa realidad de la situación política y la actitud gubernamental, está esa otra realidad que es el pueblo norteamericano, no siempre de acuerdo con la actuación de su gobierno, un pueblo esencialmente honesto, laborioso, solidario y sensible ante las injusticias y los abusos de poder. El pueblo americano, cansado de financiar guerras lejanas, abochornado por algunas actuaciones de sus tropas y ajeno a muchas de las decisiones que se toman en su nombre, es la esperanza para que se pueda establecer un nuevo orden mundial más justo y seguro para todos, EE.UU. incluidos. Hay que reconocer que no todos los ciudadanos americanos son expansionistas y que, en el otro extremo, hay tambien una importante tradición aislacionista. Los ciudadanos de los EE. UU. debieran de encontrar una via entre ambos extremos que lleve a un "New Deal International" y rescaten del olvido el proyecto del Presidente Wilson de 1921. El pueblo americano es lo suficientemente generoso e inteligente para apreciar los beneficios que ello supondría para el mundo, y a la larga para ellos mismos, y hacerlo realidad.

La oposición al Imperio

La hegemonía militar americana y especialmente el úso que se hace de esa fuerza desencadena recelos y antagonismos por una gran parte de la población mundial, incluso entre sus aliados. El profesor Emilio Lamo de Espinosa distingue entre monopolaridad y unilateralidad. Reconoce que tras la disolución de la URSS el mundo es monopolar y la fuerza está localizada en los EE.UU, pero lamenta la unilateralidad, es decir, el uso que se hace de esa fuerza sin tener en cuenta la opinión ni de los aliados ni de la ONU.

Es la proclamada y manifiesta disponibilidad al uso unilateral de la violencia y el recurso a los hechos consumados, al margen del derecho internacional, la que provoca el rampante antiamericanismo. La guerra de Irak ha mostrado al mundo la discrepancia subsistente entre las políticas norteamericanas y europeas, tradicionalmente aliados incuestionables. ¿Dónde radica esa discrepancia? Mientras la Unión Europea ha sido capaz de superar la acción de dominio y recurrir a la acción comunicativa como medio de resolver los problemas internacionales dentro del territorio de la UE y a establecer un marco de derecho internacional eficaz, los Estados Unidos mantienen un enfoque de fuerza, dispuestos a recurrir a la violencia para imponer su voluntad y están dispuestos a actuar al margen de las leyes internacionales y de la opinión pública mundial. No se trata de una discrepancia circunstancial sino fundamental.

También existe un sector creciente de la opinión pública norteamericana que está desarrollando una actitud opuesta a la acción imperial. Se ha llegado a un punto en el que ejercer el poder imperial empieza a no ser rentable y es molesto para sus propios ciudadanos. He conocido jóvenes estadounidenses que viajan con una bandera del Canadá por el mundo para esconder su identidad nacional y así evitar actitudes hostiles y riesgos de posibles atentados. Hemos llegado a una situación en la cual las ventajas de gestionar el Imperio empiezan a no compensar los costes y los riesgos de hacerlo. Deberá ser la opinión americana la que, como ocurrió con la guerra de Vietnan, consiga reencauzar la situación. Ellos son los primeros interesados. Son muchos los norteamericanos que están cansados de ser los gendarmes del mundo. Además, en la actitud imperial hay una contradicción enorme, pues siendo la democracia y la libertad los dos puntales fundamentales de la ideología norteamericana, la política imperialista les lleva a no tolerar la libertad en los pueblos sometidos y a derrocar la democracia cuando los resultados electorales no son acordes con sus intereses; promoviendo, aliándose y soportando dictadores si les son fieles.

En estos momentos, la más virulenta y beligerante oposición a la actitud imperial americana procede del radicalismo islámico, habría que analizar hasta donde sea factible lo que subyace y se pone de manifiesto en la extrema violencia desatada en acontecimientos como los del 11 de septiembre, Madrid o Londres.

En su primera alocución televisiva, *urbi et orbe*, tras reconocer la autoría de los atentados del 11 de septiembre, Osama ben Laden hizo referencia a la gran injusticia sufrida hacía 80 años. Bien podría referirse a lo sucedido en 1919, año en el cual, tras la Conferencia de Damasco, en la que los líderes árabes acordaron instaurar un reino árabe unido bajo un califato árabe que integrase los territorios recién liberados del Imperio Otomano. Ese mismo año, las potencias victoriosas se reunían en París para acordar el reparto del mundo árabe entre Francia e Inglaterra. Con ello se sancionaban y daban cumplimiento a los acuerdos Sydes-Picot, por los que, los dos diplomáticos que les dan nombre a esos tratados, habían acordado la delimitación de las áreas de influencia de sus respectivos países. O podría estar haciendo referencia a la Declaración Balfour sobre el compromiso del Reino Unido con la creación de una patria judía en Palestina. No son muchas las pistas, pero son evidentes el resentimiento hacia Occidente del mundo árabe y la virulencia del fundamentalismo islámico.

El fundamentalismo islámico

Al contemplar el mundo árabe desde la perspectiva occidental y más concretamente europea, lo primero que llama la atención es la asimetría que existe en el conocimiento mutuo. Mientras muchos árabes conocen muy bien a los europeos, nosotros tenemos un distorsionado estereotipo suyo. Son numerosos los árabes bilingües, poblaciones enteras que, como herencia de su anterior situación colonial, hablan perfectamente el idioma de sus antiguos colonizadores. Muchos de los que actualmente configuran las elites árabes han estudiado sus carreras universitarias en francés, inglés, alemán, español o ruso y cada vez son más los que residen o han residido por algún tiempo en Occidente; sea como emigrantes, sea como estudiantes, sea como exiliados, sea como turistas recurrentes. Su conocimiento de idiomas les permiten escuchar nuestras emisoras, leer nuestra prensa y seguir nuestros avatares políticos, nuestras carreras ciclistas y nuestras ligas de fútbol.

Frente a ese hecho, pocos entre nosotros conocen el idioma árabe, muy pocos pueden decir que conocen la cultura arábiga-islámica y del fútbol norteafricano, de conocer algo o a alguien, conocemos a Zidane. Y si ese es nuestro caso, el caso americano es mucho peor. Una pareja de amigos americanos, ambos universitarios, que pasaron unos días en mi casa a mi vuelta de un viaje a Túnez, no sabían bien si Túnez era una ciudad española o italiana. Esa asimetría hace que mientras ellos poseen un muy claro conocimiento de nuestras virtudes y defectos, nosotros tenemos un difuso estereotipo del "árabe", heredado de épocas anteriores y al que hemos añadido la imagen del productor de petróleo y la del terrorista, distorsionado la realidad del árabe medio que ni tiene petróleo ni es terrorista y padece, como todos, las subidas del precio de la gasolina y las bombas terroristas.

Algunos rasgos característicos de la cultura árabe

La segunda sorpresa es su vasta cultura. Hemos de distinguir entre cultura y civilización, el hecho de que, a lo largo de las últimas décadas, el mundo árabe viene saliendo de una economía agraria y poco tecnificada incita a pensar que pudieran ser unos incultos, la realidad es muy distinta. Su aun baja capacidad tecnológica y científica contrasta con su extensa cultura. El contrapunto lo tenemos en el americano medio, miembro de una civilización mucho más tecnificada pero de inferior cultura. No quiero con esto decir que todos los árabes sepan quien es Velázquez, Cervantes, Shakespeare o Göthe, me refiero a que el pueblo domina su vasta y secular cultura árabe. Una cultura de tradición oral, humanista, memorista, llena de historias, poesías, anécdotas y sentencias que les proporciona una gran memoria, un profundo conocimiento del ser humano y un vivo interés por saber y conocer a los otros. No sólo conocen el Corán, una amplia mayoría de los árabes recitan de memoria largos fragmentos de Farazdaq, de Mutanabbi, de Abu Nuwas y tantos otros; narran cientos de historias, conoce al detalle las gestas de Saladino y cantan enternecidos los temas de Umm Kulzum. No digo que no haya excelentes físicos, químicos e ingenieros entre los árabes, que los hay, ni quiero decir que no haya muchos americanos con una excelente cultura humanista, que tambien los hay. Me refiero al contraste entre ciudadanos medios. Es evidente el contraste tecnológico y, cuando se ha convivido con ambos mundos, es también notable el contraste cultural. La cultura americana es mucho más superficial, egocéntrica y provinciana; la cultura árabe es más profunda, está más abierta a lo otro y es más universal.

Llaman poderosamente la atención su hospitalidad, el gran respeto del árabe por la intimidad del hogar y el valor de los lazos familiares, su sentido del honor, su estima por la amistad, su recrearse en el lenguaje y en la conversación, saboreando las palabras como si fuesen sorbos de té con hierbabuena, así como su sentimiento tribal jerarquizado. Ese sentimiento tribal hace que el árabe esté muy identificado con los suyos y tenga un profundo y genuino sentimiento de solidaridad familiar, tribal, racial... la jerarquización les lleva, en paralelo con los enfrentamientos tribales, a sentir un genuino sentimiento de identidad pan-árabe, que se ha amasado en el antisemitismo y se ha fraguado en la lucha de Afganistán contra la URSS y en el apoyo de todo el mundo árabe a la causa palestina. Tienen claro el concepto de nación, como valor integrador, siendo la nación árabe un concepto identificador que transciende fronteras. Un sentimiento vivo entre las masas del pueblo y frustrado por la falta de unión entre los gobernantes. El sentimiento anterior denuncia la escasa representatividad de la mayoría de los gobiernos árabes y la fractura entre el pueblo árabe y muchos de sus gobiernos. La tensión entre las diferencias nacionales oficializadas por las estructuras estatales y la generalizada aspiración unitaria en el pueblo, alimentada en buena parte por el ejemplo integrador de la Unión

Europea. Las fronteras fueron trazadas por las potencias occidentales con líneas artificiales que llegan a separar miembros de una misma tribu, como es el caso de *los pastunes*, extendidos a ambos lados de la frontera entre Afganistán y Pakistán, o cortar los desplazamientos milenarios de tribus nómadas, como ocurrió con los magrebíes.

Tiene el árabe un grave problema que le quita iniciativa y le merma responsabilidad: el fatalismo determinista. Es ese un problema que compartió durante siglos con la Europa cristiana, pero el dilema de la omnisciencia divina y la libertad quedó definitivamente resuelto por Leibnitz en el siglo XVII cuando dejó clara la diferencia entre verdad y necesidad. El que ahora, querido lector, estés leyendo estas líneas no es necesario, podrías estar haciendo otra cosa, pero es verdad que las estás leyendo. El que alguien sepa que estás leyendo ésto sabe una verdad, pero no lo hace necesario; sigue siendo el tuyo un acto contingente y libre. El que Dios sepa desde toda la eternidad que ahora tú estarías leyendo ésto tampoco lo hace necesario. La omnisciencia divina ni implica determinismo ni merma la libertad. Es más, es el materialismo ateo el que implica determinismo, pues, como señaló Laplace, lo material está sujeto al mecanicismo determinista en el que todo se produce por sus causas haciéndolo predecible. Es la libertad del hombre la que permite rectificar el determinismo al actuar por fines. Por eso, la física se predice y las ciencias humanas se explican. La historia siempre se escribe *a posteriori* y la economía también. Muchos podrán explicar una bajada de la bolsa tras haberse producido, nadie pudo predecirla, a lo sumo, algunos podrían haberla intuido como probabilidad.

Dentro de este contexto, es innegable la confrontación entre la actual mentalidad occidental y la mentalidad árabe moderna, que se plasman en un sentimiento de recelo por parte de la mayoría de los occidentales hacia los árabes y un dilema admiración-desprecio, atracción-resentimiento por parte de una mayoría de los árabes hacia los occidentales. Nos ven descreidos, inmorales, materialistas, egoístas...y ricos. En aberrante contradicción con el versículo 5 de la sura 2 del Corán: "Ellos (los creyentes) son los que van en una dirección de su Señor y son los que tendrán éxito", pues el éxito parece preferir a los que consideran impíos.

La evolución de los sentimientos populares queda reflejada en la evolución de la literatura árabe tras las guerras de liberación colonial. Desde el más puro existencialismo, fruto de la frustración de las esperanzas puestas en la independencia, donde la decepción se manifiesta en angustia vital, a la crítica encubierta de los regímenes políticos hecha desde obras heroicas en contextos y escenarios históricos claramente identificadas con problemas contemporáneos, hasta las novelas realistas describiendo una amarga realidad y los ensayos sobre temas sociales, para terminar por producir una narrativa del absurdo en su formulación más kafkiana, muestra del rechazo a una realidad ingrata, para pasar a poner su esperanza en las poesias a los daños de la guerra y los cánticos islámicos revolucionarios.

Son las canciones el más fresco testimonio del sentimiento popular, en ellas, además de cantar al amor y llorarle a la muerte, vibran las proclamas a la resistencia palestina, a la unión del pueblo árabe y a la lucha como única esperanza de liberación y futuro. Incluso el chiísmo, tradicionalmente resignado y propenso a la autoflagelación y al martirio, está cambiando sus planteamientos hacia una actitud más combativa, pudiéndose vislumbrar una efervescente media luna chií, desde el sur del Líbano a Pakistán cruzando Siria, Irak, Irán y Afganistán, una comunidad de fé coordinada por Irán, donde los shiitas dejan de ser árabes. Podemos hablar de decepción, frustración, deseo de revancha y esperanza en una victoria final en la que creen que fatalmente ha de llegar con la ayuda de Dios, pues finalmente, "serán los creyentes quienes tendrán éxito".

Respecto a las concepciones de la realidad, es notable la diferencia entre la visión árabe contemporánea y la visión occidental. Una clara discrepancia radical entre nuestras dos culturas arranca de nuestra distinta concepción de la verdad, tenemos diferentes cosmovisiones, diferencia que se ha establecido y arraigado a lo largo del siglo XX y que podríamos etiquetar como la confrontación entre *relativismo y fundamentalismo.*

El pensamiento occidental, muy esquemáticamente, ha pasado por tres fases que han estado marcadas por el desarrollo de la física.

En primer lugar, tuvimos el pensamiento aristotélico, que compartimos con el Islam a lo largo de la Edad Media. Para Aristóteles, la tierra era el centro del universo, un universo ordenado en esferas concéntricas que se movían con un movimiento regular y eterno. Es un universo sencillo, con cinco elementos y un lugar natural para cada cosa que explica los movimientos naturales, como la caida libre, mediante una mecánica intuitiva y fácilmente comprensible por todos. Era un universo estable, eterno, ordenado y conocido que tenía al hombre como centro y a Dios como primer motor. Como Aristóteles era filósofo, la reflexión filosófica era coherente con la concepción física del universo, por lo que tanto la metafísica, como la física, la ética y la política eran coherentes entre sí, conocidas y ampliamente asumidas. La solidez y coherencia del pensamiento aristotélico hizo que perdurase 2.000 años, durante toda la edad clásica y a lo largo del medioevo sin ser cuestionado, pues, además, en una época carente de instrumentos de gran precisión, se correspondía con lo observado en la vida cotidiana. Esta larga etapa estuvo plenamente compartida por el pensamiento europeo y el pensamiento árabe, siendo numerosas las aportaciones técnicas y científicas de los árabes al conocimiento europeo en esos siglos. Tuvo que llegar Galileo, con su nuevo telescopio, para comprender que los astros no estaban hechos de quinta esencia ni eran puros y que la tierra no estaba quieta en el centro del universo.

La edad moderna trae a Newton. Con su mecánica, la tierra deja, definitivamente, de ser el centro del movimiento celeste y se reconocen una serie de leyes universales que rigen la física en cielos y tierra. El sol es el centro del universo y Kepler ya había demostrado que las órbitas de los planetas son elípticas, hecho que Newton justifica mediante la teoría de la gravedad. Tenemos la suerte de que Kant lee a Newton, lo estudia y lo entiende, desarrollando el pensamiento crítico a partir de cuestionar la verdad de los juicios universales a priori que le plantéa la lectura de Newton. La razón se manifiesta como clave para el conocimiento de la verdad. Surgen la razón pura y el imperativo categórico. El tiempo y el espacio se vuelven formas de la sensibilidad. El hombre no es el centro, pero sabe donde está el centro. Dios y su obra son racionales y el hombre cuenta con la razón para conocerlos y saber que debe hacer. El imperativo categórico es un claro criterio moral, racional y universal. Sólo un puñado de intelectuales árabes herederos de Averroes aceptaron la crítica racional en un esfuerzo por integrar la razón y la fe abriendo el *salafismo*[13] una esperanza de reconciliación entre tradición y modernidad. Tan solo un reducido grupo de intelectuales islámicos asumió la modernidad y aceptaron el pensamiento crítico. Iniciándose con la *Nahda* (el renacimiento) desde mediados del siglo XIX y hasta principios del XX, el esfuerzo por asimilar la modernidad y despertándose el interés por viajar y estudiar en Europa. Tahtawi volverá fascinado de París y Huda Shaarwi se quitará desafiante el *jiyab* en la estación de El Cairo a su vuelta de Roma. La Nahda es semejante a la revolución Maiji japonesa, pero la modernización árabe fue un movimiento más cultural y el japonés más científico. A los árabes les interesaban las formas de vida, los métodos de enseñanza y la literatura occidentales, a los japoneses, de occidente, solo les interesaba la física. La diferencia entre las consecuencias de cada enfoque fue notoria.

En Occidente la modernidad se cierra con Einstein, quien nos abre los ojos a la relatividad y deja a la humanidad a la espera de un nuevo Kant que lo entienda, lo medite y aclare las implicaciones gnoseológicas y morales de la relatividad. El problema de nuestro tiempo parte de que todos hemos oído hablar de Einstein y nos suena eso de que *todo es relativo*, pero pocos se han preocupado de entender lo que la relatividad física realmente significa e implica. El pensamiento occidental actual se encuentra confuso y sumido en una confrontación con el pensamiento islámico radical. El origen de esa confusión está en haber asumido como absoluto el principio de *relatividad*. Pensar que "todo es relativo" y pensarlo como si fuese un principio irrebatible, y como tal absoluto, lleva, desde su intrínseca contradicción, a una serie de conclusiones con traumáticas consecuencias personales y sociales.

La primera consecuencia de tomar al principio de relatividad como fundamento es que la verdad no existe, lo cual ya es una contradicción con el propio principio de relatividad, pues éste no sería verdad. Eso prueba su inconsistencia como principio radical. La siguiente implicación es la de negar toda autoridad, pues al no haber una verdad, nadie está

[13] El salafismo se desarrolló en Egipto como un movimiento renovador y modernizador que intenta reconciliar la fe con la razón.

en posición de decir lo que hay que saber ni lo que se debe hacer. Como consecuencia, tampoco hay moral y dado que todo es relativo y nadie puede decir lo que hay que hacer, todo vale. Y además, como nadie puede decir la verdad, no hay que escuchar a nadie. Tampoco los compromisos hay que cumplirlos, pues para empezar, son relativos al momento en el que se contraen, lo cual les invalida para un futuro en el que las circunstancias serán otras y nosotros mismos seremos otros. Es decir, no sólo tendemos a rechazar todo compromiso, sino que nos percibimos como carentes de identidad, dado que no somos los mismos que en el futuro seremos o antes fuimos, y, como tales, irresponsables de nuestros propios actos, ya que el autor de lo que hicimos fue otro yo, ya desaparecido, y quien deberá dar cuenta de lo que hagamos hoy será un yo que aún no existe. Las repercusiones son fatales: nada es cierto, nada tiene valor, tampoco la vida, se puede mentir, se puede matar, no hay ley ni norma, ni autoridad válida, ni palabra dada, ni responsabilidad. Todo es cuestionable y el criterio que cuenta es mi opinión personal.

Frente a ese relativismo radical, absurdo, pero generalizado en Occidente, se encuentra el fundamentalismo, no menos radical. Para el fundamentalismo, hay una verdad absoluta y conocida, textual, que hay que seguir y obedecer fiel y ciegamente, sin resquicios y sin crítica. Sólo cabe la actitud sumisa del *muslím*. La verdad está en el Corán y no hay otra. El dogmatismo tiene la ventaja de proporcionar seguridad, identificación con los otros creyentes y pautas de acción incuestionables. Además de evitarnos tener que reflexionar y cuestionar sobre las propias creencias, aparcando el pensamiento crítico. Una de las ventajas de llevar el *jiyab*[14] es el sentimiento de fraternidad que proporciona. Nunca antes estuvo el pensamiento árabe tan distante del occidental, a diferencia de cuando, como hemos recordado, durante siglos estuvimos compartiendo una misma cosmovisión y el diálogo era mutuamente inteligible, fluido y enriquecedor. Hoy domina la incomprensión. Faltos de guía y ajenos a la verdad, nos engolfamos los occidentales por el camino de las apariencias y las opiniones personales sin estar a la altura de nuestro propio tiempo, pues no hemos comprendido a Einstein, es más: hemos retrocedido al pensamiento *pre-parménico*, en el que primaba la apariencia observable

[14] El jiyab es el velo femenino islámico. Proporciona a la mujer que lo utiliza una sensación de protección y pertenencia

sobre la verdad, una verdad oculta pero accesible a la razón. Esa forma de pensar es rechazada de plano por un Islam que se afirma en el reconocimiento y aceptación de una verdad revelada, indiscutible e incuestionable. Hace ya veintiséis siglos que Parménides previno de seguir el camino de la opinión y advirtió de la conveniencia de buscar y seguir el camino de la verdad. Pero claro, si no hay verdad, no hay camino...

A nosotros nos suena ahora que el tiempo y el espacio se integran en un conjunto de dimensiones relativas. El universo carece de centro, el hombre se encuentra perdido en él y Dios, si existe, parece estar ausente del mundo. La razón se queda reducida a razón práctica y la verdad práctica se hace tecnología, de manera que es verdad lo que funciona en tanto funciona. Sólo nos podemos fiar de los aparatos. El hombre, que ha aparcado tanto la razón reveladora como la fe en lo revelado, se ha abandonado al sentimiento y al deseo, deseo que ha dejado de ser deseo de la verdad y se ha quedado en deseo de cosas. Hoy el hombre es un ser que se ha vuelto sospechoso y amenazante ante la mirada recelosa de los otros hombres. El otro, de repente, es un extraño. El *alter ego* ya no es el hombre, cualquier hombre, sino sólo aquel que piensa como yo tras haber asumido mi misma perspectiva. Y cuando las cosas dejan de funcionar: el coche no arranca, el ordenador no funciona o la luz se va; nos sentimos perdidos en un mundo incomprensible y hostil. En política no importa la verdad, sino la opinión de la mayoría aunque esté equivocada. En moral, de contar algo, sólo cuenta la propia opinión subjetiva. Por fortuna, como afirman los fundamentalistas, la verdad existe. Otra cosa es que, como defienden los relativistas, ninguno de nosotros esté en posesión de la verdad y todos nosotros tengamos una perspectiva relativa desde la que sólo podemos alcanzar una opinión personal desde un punto de vista parcial. Sin embargo, volviendo a la física de la relatividad, saben los físicos que las ecuaciones de Lorenz permiten conocer las propiedades del objeto observado si conocemos nuestra propia posición relativa y medimos desde ella las características aparentes que podemos observar desde nuestra perspectiva del objeto observado y transformamos nuestras observaciones aplicando Lorenz. Es decir, hay una verdad que podemos estimar, *siempre y cuando seamos conscientes de nuestra propia relatividad* y del carácter parcial y relativo que tienen nuestras opiniones.

Podemos ver cada uno de nosotros una imagen diferente de una silla, forjarnos, en función de esa imagen, nuestra propia opinión sobre la silla que podrá ser distinta a la opinión que de la misma silla tiene quien está sentado en ella, pero el que ninguno tengamos una visión completa de la silla no es razón para pensar que no hay silla. Hay una verdad ontológica de la silla que es la silla misma, independiente de cómo la veamos e incluso de que sea o no vista por alguien. *Si no hubiese verdad, no habría realidad.* Lo más curioso es que Einstein nunca dijo que "*Todo es relativo*", muy por el contrario, lo que dijo es que la velocidad de la luz es una constante absoluta. La relatividad es una propiedad de la percepción, de la apariencia, pero no atañe a la esencia de lo observado aunque, como dice Scherödinger, al observarlo lo modifiquemos, lo cual no niega que exista, sino que confirma su existencia. También alteramos toda herramienta al utilizarla y no por eso es menos real; de no modificarse, ni habría que afilar las tijeras ni que sacar punta a los lápices.

Y hay una parte de la realidad especialmente fascinante que es la realidad del otro. Es verdad que el otro, al igual que cada uno de nosotros, tampoco conoce de la realidad nada más que lo que le permite su propia perspectiva, pero sobre esa parte de la realidad que es él mismo, hemos de reconocerle que tiene una perspectiva privilegiada, pues está en el "en sí" de sí mismo. Podemos, por tanto, recuperar desde Einstein-Lorenz el valor radical de verdad que tiene el *cogito* de Descartes. El otro podrá ignorar muchas cosas, pero sabe lo que piensa, aunque lo que piense fuese falso. Nos cabe, por tanto, poder descubrir aspectos de la verdad del otro si dice lo que piensa y, si le escuchamos, podremos comprender que aunque lo que diga no es más que una opinión, su opinión sobre las cosas de las que habla, si habla con verdad, lo que dice es la verdad de lo que opina y, como tal, un aspecto cierto de él mismo. Un daltónico podrá decir que una silla verde la ve roja, será falso que la silla es roja, posiblemente la silla no tenga en sí misma color alguno, pero será verdad que él la ve roja. Descubrir la verdad de lo opinado por el otro facilita poder descubrir nuestra propia relatividad y lo opinable de nuestras opiniones.

Surge de esto la importancia del diálogo como medio para conocer la verdad del otro y la relatividad de nuestra propia opinión para, juntos, acercarnos a la verdad del mundo. *Un requisito para acercarnos a la verdad es asumir la relatividad de nuestras propias opiniones* y, desde ese conocimiento, aplicar Lorenz, es decir, corregir nuestra opinión sobre la base de nuestra propia relatividad, nuestra mayor o menor *cercanía* (en concepto amplio) a la realidad sobre la que opinamos y la *movilidad* de ésta (en el más amplio sentido de cambio); asumiendo la información, también relativa, que nos proporciona el otro desde su personal perspectiva. El diálogo es inviable cuando uno de los dos se cree en posesión de la verdad y considera cualquier opinión disidente como un ataque a su propia integridad. El fundamentalismo dogmático es tan incapaz de alcanzar la verdad como lo es el relativismo absoluto. El primero, porque, al confundir su opinión con la verdad, se cree en posesión de ésta y no la busca, cometiendo, además, el grave error de ignorar la relatividad de sus opiniones, con lo que carece de un requisito básico para acercarse a la verdad. El segundo, porque al pensar que la verdad no existe, ha renunciado a buscarla.

En cualquier caso, habría que asumir por parte de Occidente la relatividad del principio de relatividad y reconocer que el desconocimiento que podamos tener de la verdad no implica su inexistencia. Hemos de redescubrir la verdad. Además, conocer la opinión del otro solo puede enriquecer la nuestra. El diálogo, la acción comunicativa como diría Habermas, sólo es posible desde la humildad del reconocimiento del relativismo personal con la esperanza de una verdad alcanzable en común mediante el mutuo enriquecimiento, mediante la comunicación, con la puesta en común de la información disponible desde las diversas perspectivas. Dada la relatividad de nuestra propia opinión, para conocer la verdad necesitamos de la opinión del otro. El dogmático debe de ser consciente de que lo que toma como conocimiento de la verdad es solo una interpretación, su interpretación de un texto, por cierto que ese texto sea.

Posiblemente, una de las causas de la desorientación radical del pensamiento actual surja de la separación entre la enseñanza científica y la enseñanza de las humanidades. El saber es uno y no hay auténtico Saber, si es un saber a medias. Es cierto que la amplitud del conocimiento y la brevedad de la vida impulsa hacia la especialización, pero eso no debe implicar la ausencia de una enseñanza media equilibrada entre las humanidades y las ciencias. Platón exigía el conocimiento de la geometría para estudiar filosofía, hoy habría que estudiar física para poder ser buen filósofo y filosofía para poder ser un buen físico. Algo que múchos físicos hacen. Nuestras diferencias con las otras formas de pensar surgen del enfrentamiento entre dos sistemas de enseñanza imperfectos, por su excesiva especialización.

Uno de los malosentendidos ancestrales entre Islám y Cristianismo surge de la percepción islámica de que la Trinidad implica politeísmo. Conversando sobre este problema con dos imanes yemeníes en Sanaa, llegamos al siguiente acuerdo:

- Hay un solo Dios y no hay más Dios que Dios.
- Dios se manifiesta al hombre y el hombre sólo puede conocer a Dios por sus manifestaciones.
- Una manifestación natural de Dios es como creador, manifestándose como tal en la naturaleza.
- Otra manifestación divina es en la intimidad del interior del corazón del hombre cuando éste medita buscando a Dios dentro de sí.
- La otra manifestación de Dios al hombre es en la palabra revelada como Verbo.
- El que Dios se manifieste como Creador, como Espíritu y como Verbo no implica que sean tres Dioses.

Los tres estábamos de acuerdo, pero uno de los imanes puntualizó: "Estamos de acuerdo, pero la verdadera revelación se da en el verbo del Corán." Efectivamente tenemos dos credos, pero evitemos tener malosentendidos. Lo peor de los malosentendidos surge cuando el fundamentalismo dogmático se radicaliza sobre bases teológicas manipuladas por la política.

Las raíces del Fundamentalismo Islámico

Los sucesos del 11 de septiembre primero, del 11 de marzo después, siguiendo con Londres y Bali entre otros, como los continuos atentados en Irak y Afganistán, obligan a investigar las razones que los motivaron. Debemos hacer un esfuerzo por entender y clarificar el caldo de cultivo del Fundamentalismo Islámico. Vamos a considerar esquemáticamente unos hechos y unas ideas que proporcionen alguna luz sobre la actual situación. ¿Qué base doctrinal puede llegar a justificar e incluso motivar actos tan atroces? ¿Cómo ha podido arraigar una doctrina de destrucción indiscriminada en tantas mentes? Vamos a considerar dos elementos para entender el trasfondo donde se fragua el fundamentalismo islámico: *El sentimiento de frustración* y *la ideología fundamentalista*.

¿De donde surge ese sentimiento generalizado de frustración en el mundo árabe?

Al revisar la trayectoria histórica del mundo árabe desde el inicio del Renacimiento, encontramos a una nación árabe próspera y poderosa, cuya prosperidad le venía fundamentalmente del monopolio que tenía sobre el comercio entre Oriente y Occidente. Al finalizar el siglo XV, los árabes ven como los Portugueses abren una nueva ruta a la India, ruta que más tarde heredarían holandeses y británicos, privándoles de su principal fuente de riqueza. Sus falúas, aptas para mares tranquilos, son presa fácil frente a las naves trasatlánticas. Cuatro siglos más tarde, la desaparición del Sultanato de Estambul quiebra definitivamente el último vestigio de unidad árabe, intensificando una época colonial de total dependencia de Occidente. Podemos apreciar cuatro etapas históricas desde el final del siglo XVIII: la fase colonial, los estados nacionalistas laicos, la aparición de los nacionalismos islámicos y el desarrollo progresivo del panarabismo árabe como sentimiento en proceso de desarrollo, que se trunca como fruto de una reiterada frustración tras las sucesivas derrotas y la desaparición de Nasser. Surgen el sinsabor de la derrota y la emergencia del fundamentalismo.

Las fechas de transición no son siempre precisas, generalmente el paso de una etapa a la siguiente se produce a lo ancho de una franja temporal que afecta en diferentes momentos a cada país, comenzando cada época sin haber terminado del todo la anterior. El colonialismo se inicia con el desembarco de Napoleón en Alejandría[15] en 1798, alcanzando hasta las independencias de los diferentes países árabes colonizados. La reconquista

[15] El Presidente Bush tenía que haber leido la proclama de Napoleón tras desembarcar en Alejandría.

Turca, con apoyo Británico, supuso el relevo de la guarnición Francesa por la Inglesa, iniciándose una presencia Británica que duraría hasta la guerra del Canal de 1956.

Con el triunfo sobre Turquía de las potencias occidentales en la primera guerra mundial, desaparece todo vestigio de unidad árabe y el proceso colonial se generaliza. En 1919, los acuerdos de la Paz de Versalles sancionaban el reparto entre Inglaterra y Francia del territorio árabe. Como consecuencia, El Reino Unido mantenía Egipto y se apropiaba de Jordania, Irak y, más tarde, de Palestina; mientras Francia recibía Líbano y Siria y quedaba en libertad para apoderarse de Túnez, Argelia y Marruecos. Se trazan líneas en los planos que repercuten sobre las arenas de vacíos desiertos llenos de petróleo. Las guerras de independencia son lideradas por árabes que conocen bien al invasor, hablan su idioma y han estudiado en la metrópolis. Los Estados que surgen de la independencia tienen constituciones laicas de molde europeo y un fuerte tono nacionalista fraguado en la lucha por la independencia.

En paralelo a la lucha anticolonial, la presencia extranjera produce unos brotes de autocrítica que dan lugar a una serie de movimientos de renovación religiosa y renacimiento cultural. La frustración política plantea el dilema sobre cómo es posible que siendo la nación depositaria de la revelación divina (coránica), pueden estar sometidos a potencias de infieles. La respuesta es la tradicional respuesta semita que se repite en la Biblia, en las grandes crisis históricas del pueblo judío: "Nos hemos apartado de la fe y debemos volver a las prácticas religiosas para salir del estado de postración política y económica" En torno a 1928 surgen, sobre esa base, una serie de iniciativas que ponen la fe en el futuro en la revitalización de las prácticas religiosas y la renovación del Islam. Entre ellos destacará el movimiento de los *Hermanos musulmanes*, cuyo lema es: "El Islam es la solución". Fue fundado por Asan al Banna, cuyas tendencias políticas les harán ser perseguidos por las autoridades de las nuevas Repúblicas nacionalistas y laicas. Asan al Banna será asesinado en 1949.

La revolución Irání abre una nueva esperanza al viejo sueño de la renovación desde la fe. El ejemplo persa abre nuevos horizontes a la unión pan árabe por el camino del fundamentalismo islámico. Las peregrinaciones a la Meca son ocasiones de vivir la unidad y propagar los ideales de la revolución, pero también motivo de enfrentamientos. La querra de Irak contra Irán deja clara de difencia entre árabes y persas a pesar de la comunión de fe. Una antigua diferencia que llega desde la época de los sasánidas. Con todo, el fundamentalismo se fortalece en su lucha victoriosa contra el invasor ruso de Afganistán. La victoria refrenda los ideales. Pero ¿cuáles son esos ideales? O mejor, ¿cuáles son las ideas con las que se forjó el fundamentalismo?

Sobre ese trasfondo histórico de quiebra económica, disolución del Sultanato, desmembramiento territorial y ocupación colonial, implantación del Estado de Israel, violencia independentista, estados autonómicos nacionalistas laicos, frustración de las esperanzas populares tras la independencia, derrota del pan-arabismo, neocolonialismo financiero, revolución fundamentalista; van surgiendo una serie de conceptos que se insertan en consolidados términos coránicos inoculándolos de tintes nuevos. Los movimientos fundamentalistas no tienen su fundamento en el Corán, sino en esa serie de términos distorsionados por ideólogos que los manipulan, alterando su significado tradicional con intenciones políticas que buscan la movilización de unas masas enardecidas por los triunfos de la revolución Irání y la retirada del ejército ruso de Afganistán, frustradas por la decepción tras la independencia, las sucesivas derrotas frente a Israel y la precariedad económica de grandes masas, propensas a la tradicional utilización de la religión como instrumento político.

La ideología fundamentalista

> *"Esta guerra es una guerra ideológica".*
>
> Presidente Bush

Vamos a limitarnos, a fin de simplificar y al coste de esquematizar quizás más de lo debido, a cuatro pensadores, dos sunnitas: Quotb y Mawdudi; y dos chiitas: Shariati y Jomeini. Dos árabes, un paquistaní y un persa. Sus teorías se desarrollan mediante la transformación semántica de una serie de términos coránicos, a los que potencian con nuevos sentidos, algunos con cierto contenido marxista y todos ellos con una intencionalidad revolucionaria que se encauza como reacción ante el imperialismo de Occidente y contra los gobiernos árabes pro-occidentales.

Los teóricos islámicos parten del concepto de la *jahiliya*, la ignorancia. El Corán se refiere con este término a la situación politeísta previa a la predicación de Mahoma, pero actualizan el término para referirse a la situación actual de ignorancia y falta de práctica de los ritos y leyes coránicas, tanto por parte de musulmanes no practicantes como de extranjeros impíos. Un binomio conceptual importante es el par: *hakimiya-ubudiya*. La *hakimiya* es la soberanía que, según el Corán, pertenece sólo a Dios, y la *ubudiya* es la obediencia debida a esa soberanía, que debe ser total. Islam es el sometimiento voluntario y absoluto a la voluntad divina.

El problema político surge cuando esa "soberanía" está en manos de un ignorante *jahili*, en cuyo caso, el soberano es inicuo, *kafir* y los que le prestan su obediencia son indignos *talin*. Ambos, inicuos e indignos son perversos y eliminables *takfir* .

Otro par de conceptos relevantes en el pensamiento político fundamentalista y revolucionario es el de *mostadafine* , los desheredados y los *mostakbirine*, los arrogantes. En el Corán se alude a los que tienen derecho a limosna y los ricos que no ejercen la caridad. Pero en la literatura fundamentalista revolucionaria, los dos términos se cargan de los conceptos marxistas de capitalistas y proletarios. Un último par de términos es el de *wada*, propagar el bien, y *jihad* combatir el mal. Son dos caminos seguros al paraíso: propagar la doctrina y combatir al *kafir*. Ese espíritu de lucha tiene una versión privada de lucha ascética y una versión pública de lucha colectiva como parte de la *asabiya* la unión solidaria del Islam.

Con esos pocos términos tenemos los ingredientes suficientes para armar ideológicamente una revolución islámica. Jomeini justifica su revolución, porque el Sha es reo de *jahiliya* (de ignorancia) y como ostenta la soberanía (*hakimiya*) es un *kafir* (inicuo e impío) y, por consiguiente, un perverso y eliminable. Al igual que sus seguidores. Además, los que ocupan puestos de gobierno con el Sha son "arrogantes/capitalistas" y el resto del pueblo "desposeidos/proletarios". Con lo cual logra aunar la revolución burguesa con la proletaria, los comerciantes, carentes de poder político, desheredados del poder, se unen con los jóvenes sin trabajo ni esperanza de futuro, desheredados económicamente. La consecuencia es la revolución Iráni. Es comprensible que, tras aterrizar Jomeini el 1 de febrero de 1979 en Teheran, ni el ejército ni la SAVAK (policía secreta) se opongan, nadie quiere ser etiquetado de "indignos al servicio de un poder inicuo". Hay una gran semejanza entre la falta de resistencia ante Jomeini en el 79 y el avance sin resistencia de los Talibanes hacia Kabul en el 96. La razón es doble: nadie quiere aparecer como *talin* y, por otra parte, el pueblo asocia Islam con Justicia.

Pero el Sha no es el único *kafir* de este mundo. Hay otros gobernantes de países islámicos reos de ser eliminables, contra los que es legítima la revolución y son *"indignos"* como quienes los soportan, entre otros, los EE.UU. Pero el peor era la URSS, invasora de Afganistán y contra la cual se declara la *jihad* con el apoyo de Paquistán[16] y de los EE.UU. La derrota del poder del Sha en el nombre de Alá ha demostrado que el poder del inicuo, por grande que sea en términos materiales, no puede nada contra el invencible poder espiritual del Islam. La derrota de la URSS desbordará las expectativas más optimistas. Los *mujaidines* regresarán victoriosos a sus respectivos países: Argelia, Marruecos, Palestina, Arabia Sudí,... dispuestos a continuar la revolución dentro y fuera de sus países. ¿Quién será el siguiente?. ¿Quién es el arrogante por antonomasia, el ignorante empedernido, el más poderoso y el mayor *kafir* (ignorantes e impios detentadores ilegítimos del poder), el más rico de los "arrogantes/capitalistas", el peor de los "eliminables": Los EE.UU. Solo queda repetirlo una y otra vez en las escuelas coránicas y en los sermones de los viernes, de reproducirlo en casetes y en pasquines para difundirlo ampliamente, para que, entre los "desamparados/ proletarios", surjan *mujaidines*, seguros de la victoria y dispuestos a entrar en el paraíso como mártires, que estén listos para atentar contra el símbolo "capitalista y usurpador del poder" por antonomasia: Las Torres Gemelas. ¿Acaso es asumible que un infiel materialista asuma la hegemonía mundial?

---

[16] Tras la toma de Afganistán, Rusia quedaba a un paso de alcanzar el Indico. Paquistán era el inevitable siguiente.

Cuando Jomeini acusó al Shah de "inicuo e impío usurpador del poder legítimo", no estaba falto de razones históricas, la familia Palavi había usurpado el trono de Irán. Reza Khan accedió a la corona mediante un golpe militar cuando era Ministro de la Guerra con Qavam Saltaneh (la eterna revuelta pretoriana). Lo hizo con el apoyo del Reino Unido, que quería asegurar sus intereses petrolíferos en Masjed Soleyman. El nuevo Shah, a imitación de Ataturk, potenció la enseñanza laica, frente al monopolio de las madrazas de las mezquitas, creo 2.500 escuelas y, entre otros cambios modernizadores, prohibió el *sardari* (el tradicional traje masculino) y el *chador* o velo femenino. Pero fue el último Shah quien cometió el gran pecado de nacionalizar las grandes propiedades para realizar una reforma agraria, cuando los grandes terratenientes eran los ayatolás. El primer asesinato público cometido por un fundamentalista religioso es la muerte del Primer Ministro Persa Razmar, el miércoles 7 de marzo de 1951, cuando iba camino de la mezquita, en vísperas de aceptar la renovación del contrato petrolífero de Irán con la AIOC británica. A los motivos religiosos de los fundamentalistas se unen motivaciones económicas y políticas. Los atentados de Madrid buscaban un cámbio de gobierno en España.

Acciones como la ocupación de Irak proporciona leña a la hoguera fundamentalista y cuanto más dure la ocupación mayor será la capitalización fundamentalista de ese hecho, ya que los EE.UU. se muestran no sólo como el mayor "arrogante y poderoso", sino que ha invadido dos paises musulmanes, ha usurpado la soberanía y se empeña en mantenerla para sus intereses mediante gobiernos títeres; a la vez que, diariamente, sus tropas manifiestan públicamente a los ojos de la población su "ignorancia" y falta de respeto por las normas y costumbres islámicas, con acciones como cachear en la vía pública a las mujeres o la vulneración por la fuerza de la patada en la puerta del santuario de las viviendas privadas, derribando puertas a media noche; por consiguiente, se muestra como un "perverso y eliminable" recalcitrante al que hay que combatir y declarar la *jihad*. Los atentados contra las fuerzas de ocupación serán permanentes, amenazando una espiral de violencia análoga a la que se desencadenó con la entifada en Palestina, pero con más medios, y sin posibilidad de solución en tanto el ejército de ocupación se mantenga en la zona.

Pero el objetivo revolucionario no son los EE.UU, sino Arabia Saudita. Un estado que no puede ser acusado de "impío", como lo fuera el Sha de Persia, ni de "arrogante que no atiende a los pobres", cuando financia gran parte de las mezquitas y madrasas de todo el mundo y no esta falto de legitimidad dinástica y ortodoxia puritana wahabista, pero si se le puede acusar de "indignos siervos al servicio de un impio poderoso", en cuanto vasallo del gran "impío detentador ilegítimo del poder" que son los EE.UU. Acusar al gobierno norteamericano de "impíos y poderosos" es declarar al gobierno saudita como "siervos al servicio de un impío". Los tiros van contra América pero la diana esta puesta en Riad.

Las invasiones de Afganistán y de Irak confirman en la mentalidad fundamentalista la usurpación de la soberanía legítima por los EE.UU. y justifican la aplicación de la *jihad* contra ellos. Las fotografías de Abu Ghrib y las escenas de Guantánamo no son precisamente argumentos de descargo. Si con la ayuda de Alá se derrotó al imperio materialista soviético, a los militantes islámicos no les cabe duda que, de análoga manera, se derrotará al materialismo norteamericano. Los atentados contra los occidentales que participan en las invasiones están justificadas por ser ellos "impios que ilegítimamente obtentan el poder como invasores" y los atentados contra las fuerzas de seguridad locales al servicio de los gobiernos impuestos por los invasores quedan justificadas por ser "siervos inícuos al servicio de un impio poderoso". Lo cierto es que cada día son más los dispuestos al sacrificio por "ejecutar" a los *kafir*. Los más extremistas no se conforman con eliminar a los invasores de Irak y Afganistán y resolver el conflicto palestino, sino que aspirán a implantar el imperio islámico en el mundo, con la ayuda de Dios, pues "el éxito es de los creyentes" y, como primera fase, recuperar los antiguos territorios, empezando por Jerusalen.

Religión e imperio

En el trasfondo de todo imperio hay una ideología que lo justifica y alimenta, con frecuencia la ideología imperial ha estado vinculada a la religión: divinización del Cesar o de los faraones o del Emperador de Japón; unificar el poder político y el religioso del Caesar Augusto o de la Reina de Inglaterra... Para los suníes, la ideología del imperio islámico sería una radicalización del Califato, en el que se integran el poder político y el religioso. Los shiies buscan el estado teocrático. La muestra extrema de lo que podría ser un imperio islámico la tenemos en el régimen talibán afgano, sobre todo, a partir del año 2001: *burka* obligatorio para todas las mujeres y barba para los hombres, se margina a las mujeres de la enseñanza y de realizar trabajos fuera de casa, distintivo amarillo para los no musulmanes, demolición de estatuas budistas, se prohíben la música, la televisión y la radio... Para mejor entender lo que significa un imperio teocrático lo mejor es recordar lo que fue el Reino de Israel en el Libro de los Reyes. Recordemos lo que decía Ibn Khaldun, teórico del imperio turco, "*la identidad de un pueblo (asabiya) depende de las creencias comunes de sus ciudadanos y fundamentalmente de las religiosas*". Otro ejemplo, más cercano, de aplicación de la religión a la ideología imperial, lo encontramos en los fundamentos ideológicos del imperio español y la influencia que tuvo la religión en la concepción del estado por Carlos V.

Herederos de Roma y de Cartago, descendientes de Iberos y Celtas, los españoles, medio moros medio godos, se vieron obligados a escoger en plena Edad Media entre África y Europa, entre Islam y Cristianismo, y el 16 de Julio de 1212, en las Navas de Tolosa, eligieron a Europa. El que la decisión se tomase con el apoyo de un ejército europeo de cruzados amparados por una bula papal es relevante. A partir de ese momento, España se va configurando como nación de pueblos diversos unificados bajo la cruz. Terminada la reconquista, la nueva nación se entronca con la tradición imperial romano-germánica, asumiendo la misión de extender un Imperio que se interpreta como la creación de un ámbito político en el que la diversidad de pueblos, lenguas y culturas puedan convivir gracias a una misma fe integradora.

Los principales teóricos de la política imperial española: Erasmus, Juan Luis Vives, Saavedra Fajardo, Francisco de Vitoria; consideran que el Imperio, la unidad política, está fundada en un vínculo espiritual capaz de proporcionar la unidad en la diversidad. El Imperio, en el fondo, sigue siendo el Sacro Imperio. Toman por modelo la concepción teológica del Cuerpo Místico, "*Filosofia Cristi*", considerando que los diferentes pueblos del Imperio son miembros de un mismo cuerpo. Un concepto orgánico del estado, en el que el príncipe es cabeza. Pero ese príncipe es un *"principis cristiani"*, como defenderá Erasmo en su "*Institutio*" y perfilará Saavedra Fajardo en su "Idea de un príncipe político cristiano". Para Juan Luis de Vives, la misión del imperio consistiría en "fomentar el diálogo, desarrollar el comercio y potenciar las ciudades". Francisco de Vitoria aportará las bases jurídicas de un derecho de gentes al que "ninguna nación puede darse por no obligada" y aduce tres razones por las que se debe crear una sola república para todo el orbe:

-El cosmos es una unidad.

-La Iglesia es una República y un cuerpo universal.

-Es posible erigir un nuevo Estado.

Al poner a la Iglesia como modelo de Republica Universal, destaca que su acción de gobierno no se verá entorpecida por las diferencias entre los pueblos, si se cuenta con buenos medios de comunicación. Una República universal garantizaría, en opinión de Francisco de Vitoria, tres derechos legítimos a todos los hombres:

-El derecho a emigrar.

-El derecho al comercio.

-El derecho a predicar.

Libertad de residencia, libre comercio y libertad de expresión pasarán a ser reconocidos como derechos básicos por la Unión Europea.

España asume la ideología de "Un Monarca, un Imperio y una Espada", como expresión de unidad político-militar del cuerpo místico constituido por la unidad de fe. Hasta que el Cardenal Richelieu corta la yugular del Imperio al apoderarse del paso de la Valtelina, un amplio y bello valle que bordea la frontera suiza y remata el Estelvio, uniendo el Milanesado con Austria, razonando que está en su derecho dado que no es lo mismo el catolicismo que el imperio español. O, dicho con palabras del cardenal: "Como si Dios sufriese detrimento alguno porque los españoles perdiesen el paso de la Valtelina". El ideal español de Imperio Cristiano se desmorona a manos de Richelieu. El enemigo ha dejado de ser el infiel y el hereje para pasar a serlo un Cardenal de la Iglesia, que se alía con los protestantes suecos y con los infieles otomanos. Bien es cierto que Richelieu era un soldado, un militar que cantó misa para que su familia no perdiese las rentas de un tío prelado que había fallecido, pero el que un Cardenal atacase la idea del Imperio deshacía idiológicamente un proyecto de unidad que se basaba en la universalidad de la fe, en la catolicidad.

La España vencedora de Nördlingen, que en alianza con la católica Polonia se disponía a conquistar la Suecia protestante, pierde su ideal de misión universalizadota y evangelizadora. Contra el concepto español de Imperio Cristiano como marco político en el que convivan los diversos pueblos, Richelieu enfrenta al imperio cristiano la idea richeliana de Europa como equilibrio de fuerzas entre naciones independientes y soberanas. Frente a los planteamientos místicos y jurídicos que anteponen el bien general al particular de las naciones, se impone la razón de estado en su más descarnado maquiavelismo. La teoría del equilibrio de fuerzas plantea que las naciones más débiles deben de unirse contra el más fuerte. Ocurrió contra Felipe IV, contra Napoleón, contra Hitler...

España, tras los acuerdos de Wesfalia y la Paz de los Pirineos, se retira de una Europa concebida contra ella y le da la espalda en la adversidad y en la prosperidad. Frente a la nueva Europa, España queda al margen de sus logros y sus guerras. Será Europa la que venga a ella, beligerante, con las huestes napoleónicas cuando, una vez más, europeos y africanos, polacos y mamelucos, la invadan vestidos ambos de franceses. Muchos factores intervinieron en la marginación de España, pero la pérdida de sus ideales fue decisiva. No volverá España a asumir un papel relevante en Europa hasta que ésta supere la política de enfrentamientos y equilibrios de fuerzas para plantear un paradigma de unidad con respeto a la diversidad que defienda el derecho a la libertad de residencia, de comercio y de expresión. Tendrán que pasar varias guerras, de las que en dos se involucra al mundo y de las que España se mantiene al margen; hasta que "el equilibrio de fuerzas" se margine como pauta y guía de la política interior europea, para dar paso a una nueva definición de Europa como un ámbito común de libertad, seguridad y justicia[17].

[17] El Prologo del TUE habla de "...la protección de sus pueblos, mediante es establecimiento de un espacio de libertad, seguridad y justicia, de conformidad con las disposiciones del presente Tratado." La Constitución lo repite en el Art. I-3,2.

Pero la búsqueda de la unidad universal desde el respeto a la diversidad no es sólo un anhelo español. En el manifiesto electoral, redactado con motivo del referéndum tras la salida de Alemania de la Sociedad de Naciones, Heidegger afirma que "La voluntad de crear una auténtica comunidad de pueblos no habrá de hacerse a partir de una hermandad mundial sin fundamento ni obligación, ni debe exponerse a una ciega tiranía. Hay que ejercer esta voluntad más allá de tal oposición. Que los *pueblos y estados puedan mantener su individualidad y a la vez relacionarse conjuntamente de forma abierta y viril.* (...) Nuestra voluntad de alcanzar la auto responsabilidad nacional requiere también que cada nación encuentre y retenga la grandeza y la veracidad de su destino. Esta voluntad es la mejor garantía para la seguridad de los pueblos, ya que éstos se unirán apelando al respeto viril y el destino absoluto." Con la separación de Alemania de la Comunidad de Naciones, afirma que Alemania "crea la posibilidad de una auténtica comunidad en la que *cada nación se reafirmará en sí misma para poder llegar a la unidad.*"

Tras siglos de enfrentamientos y violencia en el continente, surge la colaboración entre las naciones europeas y se crea la Unión Europea. Tras el ocaso de una larga secuela de belicosos imperios fracasados y no pocos años de guerras de religión fraticidas, amanece la unidad voluntaria y concertada de un continente solidario. Y tras dejar las armas, surge en Europa la esperanza de la paz. Con la Unión Europea se cierra la política de equilibrios de poder y se abre una alternativa al imperio.

¿Qué es la Unión Europea?

> *Nuestro continente ha conocido sucesivos intentos de unificación: los de Cesar, Carlomagno y Napoleón entre otros. Se buscaba unificarlo por la fuerza de las armas, por la espada. Nosotros intentamos unificarla por la pluma... la base de nuestro éxito de hoy es la libre elección de los pueblos de Europa para organizar su futuro común.*
>
> V.Giscard d'Estaing. Aix la Chapelle, 29 mayo 2003.

Según los tratados[18], la Unión Europea es un proyecto de futuro, que se concibe como "el proceso creador de una unión cada vez más estrecha de los pueblos de Europa". Los tratados también hablan de *afirmar la identidad* europea, pero uno de los problemas más difíciles que reiteradamente se plantea en el debate público sobre el futuro de Europa es el encontrar una definición de Europa. Para muchos, es mera cuestión de geografía, pero no saben dónde poner las fronteras, para otros es un concepto cultural intuido pero indefinido.

Se dice que la Unión Europea es una unión de mercaderes en busca de incrementar sus beneficios, cuando la realidad es que el principal objetivo de la Unión es asegurar la paz en seguridad. La prosperidad y el desarrollo son una consecuencia de la paz. De poco sirve producir más, si los unos se dedican a destruir lo que los otros hacen y tienen. El gran logro de la Unión Europea ha sido institucionalizar el diálogo, un diálogo en el que se empezó hablando de carbón y de acero, pero, sobre todo, un diálogo que ha permitido constituir un *nosotros* capaz de debatir otros temas y de acometer juntos nuevos proyectos en común.

Producto de la historia de los estados y los pueblos que la integran, Europa se constituye como una nueva entidad como resultado de integrar un *nosotros* trans-nacional. La Unión Europea es un ente plural, pudiendo afirmar que "La Unión Europea somos nosotros, los europeos".

[18] Artículo 1 del Tratado de la Unión Europea. Idea que recoge la Constitución en el Preámbulo.

Un *Nosotros* institucionalizado y abierto a la incorporación de otros *Tús.* Todo *nosotros* se configura mediante la transformación de algún *otro* en un *tú*, lo cual se logra mediante el mutuo conocimiento a través de un diálogo franco y sostenido, afianzándose mediante el trato, la convivencia y el desarrollo de proyectos comunes. Lo característico de la Unión Europea no son sus rasgos culturales comunes (ambiguamente definidos), ni su geografía (con discutibles fronteras), sino haber institucionalizado el diálogo entre sus estados miembros.

Künkel[19] defiende la tesis de que la evolución desde el *Yo egoísta* al *Nosotros solidario* es el camino de la madurez emocional y la salud mental. A un lado quedan la histeria de quienes entienden al *Nosotros* como un gran *Yo,* queriendo imponer su criterio a los demás, permaneciendo ajenos y extraños a todos porque nadie les escucha y terminar por estar enfrentados a todos los marginados por esa forma de actuación dominante y discriminatoria. Al otro lado queda la neurosis de quienes ven en los otros una amenaza de la que se defienden compulsivamente, aislándose en sí mismos, sin escuchar a nadie. Ninguno de ellos llegarán a configurar un *Nosotros* maduro y saludable, por falta de diálogo, ya sea porque no se les escucha o porque no saben escuchar.

Si escuchamos a Künkel, hemos de interpretar la Unión Europea como el resultado de la maduración histórica de los pueblos de Europa y prueba de recuperación de su salud mental, tras siglos de enajenación belicista. A un lado quedaría la tentación prepotente y psicópata imperialista y al otro la tentación narcisista y neurótica nacionalista.

Künkel[20] advierte también de que hay dos modos de participar en un *nosotros*: al modo infantil, inmaduro del niño que busca protección en el nosotros materno-filial, con la esperanza de que ese nosotros le satisfaga todas sus necesidades, y el modo adulto, maduro del padre que busca satisfacer las necesidades de todos. J. F. Kennedy lo entendió muy bien cuando dijo a sus conciudadanos: "No preguntéis que puede hacer vuestro país por vosotros, sino preguntaros que podéis hacer vosotros por vuestro país". Sería cuestión de que los estados, sean ya miembros o candidatos, y los ciudadanos, nos preguntemos por lo que

---

19 Künkel, Fritz. Del yo al nosotros. Ed. Luis Miracle, Barcelona 1957.

20 Künkel, Gundezüge der Praktischen Seelenheilkunde

podemos hacer por Europa sin preocuparnos tanto de lo que Europa pueda hacer por nosotros. Actuemos todos desde la configuración de un nosotros maduro, sano, solidario y fraterno, que permita una puesta en común de las necesidades y los recursos, para la búsqueda en común de los remedios.

Durante siglos, los pueblos europeos han padecido la guerra y el hambre. Los jinetes del Apocalipsis han estado cabalgando libremente por los campos de Europa, aniquilando a unos, empobreciendo a otros y empujando a poblaciones enteras a la emigración. Durante siglos, América ha abierto sus brazos generosos a millones de emigrantes hambrientos y derrotados que llegaban a sus costas en busca de una patria nueva que les acogiese, ofreciese trabajo y permitiese aspirar a un futuro mejor. Pero tras la segunda gran guerra, los que se quedaron entre las ruinas de la devastada Europa, bajo la amenaza soviética y con la ayuda americana, tomaron la iniciativa de emprender un nuevo rumbo en paz por el camino del diálogo, la colaboración y la concordia. Los padres fundadores de la Unión Europea no pusieron el énfasis en la economía, sino en la paz. En todos los borradores que se conservan de la declaración Schuman, entre las frases y términos que se alteran de un borrador a otro, hay dos palabras que permanecen en todas las versiones: paz y diálogo.

Según el artículo 2 del título I del Tratado de la Unión Europea (TUE), podemos ver que la Unión Europea es un proceso para "desarrollar y mantener un espacio de libertad, seguridad y justicia", en el que se garanticen la libre circulación de personas, la protección de los derechos e intereses de los nacionales de los Estados miembros (como el derecho a la libertad de expresión y la libertad de residencia), se estimule el progreso económico, se afirme la identidad europea y se mantenga la integridad del acervo comunitario. El Capítulo IV, en su Sección primera, se concreta ese espacio de libertad, seguridad y justicia sin decir nada más sobre qué es la Unión, quedando, por tanto, definida como *"un espacio"*.

En el artículo aludido del TUE, se habla de afirmar la identidad europea "mediante la realización de una política exterior y de una seguridad común". Con ello no se dice ni quienes somos los europeos ni qué es

Europa, dejando pendiente el contenido de la identidad que se quiere afirmar, dándola por supuesta. Se hace referencia a "los ciudadanos de los Estados miembros" y se deja asumir que europeos son los que viven en Europa, pero identificar la identidad con el territorio es confundir el ser con el estar y el quién con el dónde.

Culturalmente, Europa se caracteriza por siete rasgos culturales: *Tradición judeo-cristiana, filosofía griega, derecho romano-germánico, tecnología científica, ciencia empírica, economía de mercado y democracia parlamentaria.* Pero dado que Europa es madre de pueblos, eso mismo se puede decir de cualquier nación americana, de Australia, de Filipinas[21], de Cabo Verde, de Nueva Zelanda o de tantos otros estados, grandes y pequeños, atlánticos o pacíficos, coherederos de nuestra herencia cultural.

En efecto, en ese intento de definición cultural encajan tanto los americanos del norte como los del sur, junto con otros muchos en todos los continentes, mientras que, Asia a un lado, al otro Europa, se deja fuera a Turquía, y con Turquía a Estambul. ¿Puede Constantinopla resignarse a no ser europea? Quizás proceda reformular la anterior definición de raíces orteguianas, afirmando la tradición bíblico monoteísta de Europa, permitiendo así incluir en la definición tanto a Turquía como a Albania, a Bosnia y a Bulgaria.

La realidad física de Europa, su materialidad, la encontramos en sus ciudadanos, su geografía, sus recursos, sus instituciones, sus infraestructuras, su arte... mientras que la esencia de la Unión está constituida como intención de ser lo que se es, como resultante de las voluntades de todos los europeos, expresada formalmente en la constitución, por lo que la forma de Europa es jurídica y su estructura normativa e institucional. De ahí la importancia de contar cuanto antes con una constitución. A sabiendas de que el concepto geográfico de Europa no se corresponde exactamente con las fronteras políticas de la Unión Europea, podría definirse Europa, geográficamente, como *el subcontinente europeo y las islas de los mares adyacentes*, habría que delimitar al este las fronteras del subcontinente y enumerar las islas al

[21] Si las Filipinas obtuvieron su nombre de Felipe II, no debemos olvidar que Australia debe el suyo a Felipe de Austria, Felipe III, rey de las Españas.

sur y el oeste, pues posiblemente las Canarias no cualificarían, mientras que tanto ellas como las islas de Reunión, Guadalupe y Martinica forman parte de la Unión. ¿Está Chipre en Europa? ¿Están Islandia o Groelandia? ¿Es el océano finisterre o *plus ultra* europeo?

La identidad europea

> *Puede que llegue el día en que el juego limpio, el amor a los otros hombres, el respeto por la justicia y la libertad, permitan a generaciones atormentadas marchar hacia delante serenas y triunfantes.*
>
> Churchill, 4 abril 1955

El profesor García Morente dejó escrito[22] que a los seres humanos no se los define por lo *que* son, sino que se les identifica por *quienes* son. Sin embargo, lo que son, aunque no las identifica, muestra aspectos importantes de las personas que complementan la información sobre quienes son. Los humanos tenemos rasgos esenciales y rasgos existenciales y ambos caracterizan y condicionan nuestro actuar. Los primeros integran nuestra identidad esencial y determinan nuestros impulsos naturales, como el de respirar o el de pensar; los existenciales los hemos venido desarrollando mediante nuestras acciones pasadas, forman parte del acervo histórico personal, Julián Marías lo llamaría "nuestra vida biográfica vivida", y ellos configuran nuestra identidad existencial y condicionan nuestras acciones mediante hábitos y costumbres, como el fumar, que no es un mero respirar, o el filosofar, que es un pensar sistemático peculiar. Mientras que la esencia determina quienes somos, la existencia va configurando lo que somos, correspondiendo a nuestros propósitos la especificación de lo que queremos ser. Lo que se es se determina por lo que se hizo y lo que se hace queda condicionado por lo que se va siendo.

Los países, las federaciones de estados y los grupos de individuos carecen de identidad esencial, sus únicas señas de identificación son existenciales, históricas, personalidad jurídica incluida. (Podemos preguntarnos qué es la Unión Europea, pero no podemos plantear quién es la Unión

[22] García Morente, Lecciones preliminares de filosofía. Ed. Porrua, Maxico 1992.

Europea, aunque sí podemos preguntar quiénes formamos parte de la Unión Europea). No se puede hablar de la esencia de un pueblo, porque todos los pueblos carecen de ella. Si preguntamos: ¿Qué es Europa?, encontramos ante dos cuestiones: el Qué de Europa y el Ser de Europa. Es decir, tenemos una cuestión *óntica*[23] y otra *ontológica*[24].

El *qué* de Europa es de naturaleza histórica. Se va determinando día a día por lo que Europa hace dentro de los límites y posibilidades fijadas en los tratados y, algún día, en su constitución. Como realidad dinámica, la identidad de la Unión Europea se determina por su quehacer. Se configura mediante una serie de acontecimientos, siendo, por tanto, *un acontecer* cuyo pasado, ya acontecido, se acumula en su ser como lo históricamente dado en cada momento. Acontecer que, como Unión Europea, se ha ido plasmando en los sucesivos tratados y compendiado en la propuesta de constitución.

La Unión Europea es una realidad presente en la que se sintetiza su historia y constituye la condición ineludible de lo que pueda llegar a ser. El futuro de la Unión Europea no parte de cero, es lo que hoy es como resultado de lo que ha venido siendo y haciendo. Pero si bien es cierto que la realidad presente, la actualidad, condiciona el futuro, no lo determina. Tanto los hombres como las comunidades humanas y, por ende, la Unión Europea, son realidades vivas que, siendo lo que en cada instante son, están abiertas a la discontinuidad del cambio y a la evolución. Si bien la comunidad de origen facilita la cooperación y la unión, lo auténticamente aglutinador de un colectivo humano es participar en *un proyecto común*. La cohesión de la Unión será función de la comunidad de objetivos y del volumen, frecuencia e importancia de los intercambios[25] que tengan lugar entre sus miembros, ya sean intercambio de personas, ideas, valores, intereses, afectos, genes o mercancías.

Al ser los rasgos existenciales consecuencia de los actos, decir lo que se es equivale a describir lo que se hace, así, un pintor es pintor porque

[23] Referente al ser de Europa en cuanto ser.

[24] En el sentido anglosajón como referente a las cuestiones de la existencia.

[25] La física describe como los campos de fuerza se establecen mediante el intercambio de partículas.

pinta, un estudiante es estudiante porque estudia y Miguel Ángel se hizo Miguel Ángel pintando la Capilla Sixtina y esculpiendo el Moisés. Frente al futuro, nuestros propósitos especifican indistintamente lo que pretendemos hacer y lo que nos proponemos ser, pues ambos convergen. A la luz de los tratados, el propósito de la Unión Europea de "realizar una política exterior y de seguridad común" define uno de los rasgos de lo que la Unión quiere ser: "un grupo de países solidarios en materia de defensa y política exterior". Europa es y quiere ser algo más que una unidad defensiva, una unidad comercial y una unidad judicial y penal. Esos no eran más que tres "pilares" y los pilares forman parte de la estructura pero no son el edificio.

El Ser de Europa, como *ser en el mundo*, le exige la comprensión del ser, *Seinverständnis*, como modo humano de ser, así como la atención y cuidado, *sorge*, de los otros seres con los que se comparte este mundo. Europa no puede concebirse a sí misma al margen del resto del mundo ni actuar despreocupada por los demás países. Analizando a Heidegger, Zubiri dice, que ese ser en el mundo supone *una patencia precursora definitoria del porvenir y preocupada por el futuro, identificando posibilidades y definiendo proyectos que habrá que ejecutar*[26].

Identidad y acción

"Homo res sacra homini."
El hombre es algo sagrado para el hombre
Séneca. Epístola moral a Flavio.

Aunque Hobbes pensase que el hombre es un lobo para el hombre, y aunque pueda resultar serlo en algunas circunstancias, no tiene por qué serlo y, según la comprensión que Séneca tenía del hombre como *res sacra homini*, no debiera serlo.

Habermas[27] diferencia entre *la acción de dominio*, planteada en una lucha de poder mediante el recurso a la violencia y *la acción comunicativa*, en busca del consenso y la colaboración mediante el diálogo entre las

[26] Xabier Zubiri, Cinco lecciones de filosofía, Alianza Ed. Madrid 2002, pg. 252.
[27] Habermas, Jürgen. Teoría de la acción comunicativa, Taurus Humanidades, Madrid 1992.

partes. La aplicación práctica de la *acción comunicativa* a las relaciones internacionales ha permitido la ordenación del viejo continente como *comunidad comunicativa*, capaz de asumir proyectos comunes en paz y concordia.

Saber qué es la Unión Europea es saber qué viene haciendo y qué puede hacer como tal Unión Europea, conocer qué podemos esperar de ella, en tanto institución que facilita unas formas de ser y unas posibilidades de hacer por quienes somos europeos. Para conocer la identidad existencial de la Unión Europea, lo primero será preguntarnos ¿qué queremos que haga la UE?, ¿Cuál es nuestra intención respecto a ella? Definir a la Unión Europea es determinar su *misión*. Debemos preguntarnos ¿qué queremos hacer y qué queremos ser como europeos? Es decir, preguntarnos por nuestra voluntad colectiva de ser como resultante de las voluntades de los ciudadanos. La misión de Europa se constituye como proyecto común de convivencia que se manifiesta en su forma jurídica, constitucional, mediante una estructura normativa que implica unas instituciones y una operativa regladas. La Unión Europea es una muestra viva del beneficio que la unión voluntaria entre naciones, como sistema de relaciones internacionales, proporciona a los pueblos.

En ese mismo año de 1950 en que Jaspers[28] plantease el problema de la globalización enumerando sus dos posibles alternativas para organizarla, Winston Churchill, en su discurso al parlamento británico del 26 de junio, dijo: "El movimiento entero del mundo es hacia una interdependencia de las naciones. Sentimos a nuestro alrededor la creencia de que es nuestra mejor esperanza. Si la soberanía individual e independiente es sacrosanta e inviolable, ¿cómo es que estamos todos casados con la actual organización mundial?" Meses antes, el 21 de abril en el Albert Hall, había afirmado que: "no habría esperanza para el mundo a menos que los pueblos de Europa se unieran para preservar su libertad, su cultura y su civilización basadas en la ética cristiana."

La Unión Europea debiera asumir como *misión interior* el facilitar a los europeos los medios para convivir y desarrollarse con éxito en un mundo globalizado, como *misión exterior* debiera considerarse promocionar

[28] Jaspers, Karls. Origen y meta de la historia, Altaya, Barcelona 1995.

su modelo de paz en otras regiones del globo, a fin de contribuir a que se establezcan otras áreas de libertad, seguridad y justicia que puedan contribuir a la ordenación pacífica del mundo, sin violencia ni coacción, en un proceso informador y negociador mediante un diálogo institucionalizado. La historia, tanto la de la propia Europa como la de otras partes del globo, demuestra que la tentación del imperio se da en todo lugar y tiempo como medio para estructurar el mundo conocido bajo el dominio de las armas y lograr una paz impuesta. Aunque no exentos de violencia, quizás fueran el Imperio Inca y el Chino los imperios más libremente aceptados.

El Inca Gracilazo de la Vega relata en sus Comentarios Reales de los Incas[29] como "los de Chucuitu, aunque eran tan poderosos y sus antepasados habían sujetado algunos pueblos de su comarca, no quisieron resistir al Inca. Antes, respondieron que le obedecían con todo amor y voluntad porque era hijo del sol. De cuya clemencia y mansedumbre estaban aficionados y querían ser sus vasallos por gozar de sus beneficios. El Inca los recibió con la afabilidad acostumbrada y les hizo mercedes y regalos con dádivas, que entre los indios se estimaban en mucho. Viendo el buen suceso que en su conquista había tenido, envió los mismos requerimientos a los demás pueblos comarcanos hasta el desaguadero de la gran laguna de Titicaca, los cuales todos, con el ejemplo de Atún Colla y Chucuitu, obedecieron llanamente al Inca." Mo Ti narra como la benevolencia de los "santos emperadores" unieron las provincias chinas, auténticos imperios en sí mismas, y las mantuvieron unidas y en paz.

Hoy Europa no está en condiciones de constituir un imperio por la fuerza de las armas y, por coherencia consigo misma, tampoco debe aspirar a estarlo nunca en el futuro, pero ha demostrando que se pueden integrar amplias comunidades de convivencia en libertad mediante el diálogo y la solidaridad. El resultado es que los estados se hacinan a sus puertas reclamando ser admitidos como miembros de la Unión como hicieron los de Chucuitu ante el Inca, *"por gozar de los beneficios"*.

Lo que está en juego es ver si los ciudadanos del mundo queremos un futuro monopolar, imperante, dominado por quien en cada momento

[29] Inca Gracilazo de la Vega, Comentarios Reales de los Incas, Fondo de Cultura Económica, México 1995, pg. 115.

disponga del arsenal mejor dotado o si, por el contrario, aspiramos a un mundo multipolar, dialogante, en el que Europa tenga una voz relevante que concierte con otras voces, en un diálogo permanente, multipartito e institucionalizado, a imagen y semejanza del actual sistema comunitario. Decisión que ha de tomarse al margen de la potencia militar de Europa. Si Europa apoya el multerateralismo no debe hacerlo por ser ella débil, sino por ser ello justo y deseable. Pero le será más fácil ser escuchada desde su propia fortaleza.

Lo fundamental de la Unión Europea, su rasgo de identidad característico, es la opción por la acción comunicativa frente a la acción dominante, en busca del diálogo y la cooperación internacional. Como consecuencia[30], la Unión Europea es una *comunidad comunicativa*[31] que se desarrolla en un ámbito de libertad, seguridad y justicia sobre el territorio de Europa, para facilitar la convivencia europea en un mundo globalizado y contribuir a la paz mundial.

La identidad de la UE condiciona y se ve condicionada por su función en el mundo y por sus acciones ante la comunidad internacional. Los estados fundadores de la comunidad del Carbón y del Acero iniciaron un proceso al que, voluntaria y libremente, se han ido adhiriendo el resto de los países hoy miembros y al que otros muchos estados desearían poder incorporarse. Europa, como comunidad comunicativa, debiera aspirar a la hegemonía moral, no a la militar, a ser ejemplo del mundo y no su gendarme.

Durante siglos, las relaciones humanas han estado marcadas por el afán de dominio de los más fuertes sobre los más débiles, pero ni siempre fue así ni tiene porqué ser así. Mo Ti[32] recuerda que, en China, "...la unión de mutuo amor y beneficencia es cosa que ha sido practicada por los seis santos emperadores de la antigüedad. Yo no he sido su contemporáneo, no he oído su voz ni visto sus rostros. Lo se por lo que ellos escribieron en latas de bambú y en sedas, lo esculpieron en bronce y en lápidas, lo grabaron en platos y vasos para transmitirlo a sus hijos y nietos de futuras generaciones." Añadiendo: "de la mutua unión

[30] Habermas, O.c. pag. 33.

[31] Habermas, O.c., pag. 33.

[32] Mo Ti, Política del amor universal. Ed. Tecnos, Madrid, 1987. Capítulo 16.

nacen, realmente, enormes beneficios para el mundo". La tesis que aquí se expone y defiende es la de dar crédito a Mo Ti, admitiendo que *el diálogo y la cooperación entre los pueblos,* que culminan con fórmulas de unión política, *dan frutos superiores a los que cabe esperar del recurso a la violencia y el ansia de dominio.* Es la Unión Europea una muestra viva del beneficio que proporciona a los pueblos la unión voluntaria entre naciones, lograda mediante el diálogo institucionalizado, como sistema para establecer relaciones internacionales permanentes y fructíferas.

En tanto comunidad comunicativa, la Unión se presenta como una comunidad, capaz de cooperar libremente, armonizando la acción colectiva sin recurrir a la coerción y de solventar consensualmente, mediante el diálogo, los conflictos que puedan surgir entre sus miembros, con enormes posibilidades para coordinar acciones conjuntas que serían impensables para cada estado miembro por separado. La Unión Europea, en tanto colectivo humano, debe decidir por sí misma lo que quiere ser, determinandose en su quehacer, para poder adoptar la forma adecuada a su determinación, conformándose y constituyéndose jurídicamente mediante la adopción de una constitución.

La tradición heredada

Si hay una tradición común a todos los pueblos europeos que pueda servir de pauta sobre nuesto futuro, esa es la tradición Indo-Europea. ¿Qué dicen los mitos y leyendas indoeuropeas?

La mitología Indo-Europea transmite la sabiduría de nuestros ancestros en materia de convivencia. Una sabiduría basada en la dura experiencia de múltiples y dolorosas guerras inútiles. La leyenda cuenta que...

- Mientras los dioses indo-europeos luchaban entre ellos en la más terrible de las guerras, un grupo de dioses menores decidió sentarse a analizar las causas de la guerra. Observaron que cada dios quería para sí lo que los otros dioses poseían. Así, el dios de la belleza deseaba la sabiduría, el dios de la sabiduría quería el poder, el dios de la fuerza quería la belleza... y todos luchaban entre sí para arrebatar a los otros lo que de ellos deseaban.

> Los dioses menores (que debían ser suizos) analizaron la situación en asamblea y decidieron no luchar y compartir sus dones. Cada cual decidió poner a disposición de los otros sus atributos cuando algún compañero pudiera necesitarlos y beneficiarse de los atributos de los demás cuando los precisasen. Astucia, ingenio, habilidad, agilidad y otras muchas dotes fueron compartidas entre todos ellos.
>
> Mientras los grandes dioses padecían en sus luchas interminables con altibajos de fortuna, los dioses menores prosperaron en su concordia. Finalmente, los grandes dioses, viendo el éxito de los dioses menores, acordaron parlamentar y, finalmente, todos los dioses decidieron seguir el ejemplo de los dioses menores, proponiéndose colaborar en vez de luchar. Lo que celebraron con un gran banquete. Y a partir de entonces hubo prosperidad y paz.

Al parecer, la única tradición que conservamos de los indoeuropeos es la costumbre de irnos a comer juntos tras firmar un acuerdo importante.

El gran descubrimiento de los fundadores de la Comunidad Europea fue el de prescindir de la "acción de dominio" y promocionar la "acción comunicativa". La *"acción de dominio"* es el modo mediante el cual nos relacionamos con las cosas, necesitamos dominarlas para poder servirnos de ellas. Las cosas son herramientas que ponemos a nuestro servicio, pero las personas no son cosas; no son útiles, sino dignas; no son medios, sino fines en sí mismas.[33] La historia muestra innumerables casos en los que los más fuertes tienden a tratar a las personas como cosas, sirviéndose de ellas como útiles y poniéndolas a su servicio. Pero tratar de utilizar a los demás como cosas lleva, tarde o temprano, a la confrontación y, en último término, a la agresión y la guerra. Recurrir a la acción de dominio entre las personas implica aplicar la ley del más fuerte, ley que Gorgias define en el Encomio de Helena diciendo como "por una disposición natural el más fuerte no cabe que sea obstaculizado por el más flojo sino que éste sea dominado y guiado por el más fuerte" (*Encomio de H. 6, 5-8*). Hemos de entender aquí el término "natural" como salvaje, animal, brutal, irracional.

[33] Kant, Metafísica de las costrumbres.

La "*acción comunicativa*"[34] es el modo racional de relacionarse los seres humanos entre sí, conduce al entendimiento y la colaboración. Frente al animal, el hombre es logos. Antes del Tratado de Roma, Europa era la Europa de los dioses de la guerra, la Europa de la "acción de dominio", la Europa de la confrontación y la guerra. La Unión Europea es la Europa del diálogo, la coexistencia, la colaboración, la solidaridad y la paz. Es la Europa del *Método Comunitario.* Hoy, en el contexto de la Unión Europea, los problemas se resuelven dialogando y se puede hablar de todo. Se llegue o no se llegue a algún acuerdo, hoy nadie se puede plantear resolver entre europeos un conflicto a cañonazos.

La Unión Europea se caracteriza por haber institucionalizado el diálogo bajo la ley, como fórmula para resolver las cuestiones internacionales entre sus miembros. Las tres instituciones básicas: Comisión, Consejo y Parlamento, son foros de negociación y debate. La Corte de Justicia es la garante de que se cumpla lo acordado. Tras siglos de guerras, imposiciones, destrucción y saqueos; Europa ha aprendido a dialogar, cooperar y compartir. A lo largo de las últimas décadas, Europa se ha constituido como *comunidad comunicativa.* Quizás sin saberlo, como aquel que se pasó la vida hablando en prosa sin saber qué era la prosa. Una sociedad comunicativa es aquella que, habiendo renunciado a la violencia entre sus miembros, busca regirse por la acción sin coacción del mejor argumento.

Por otro lado, la guerra de Irak ha demostrado que los EE.UU. no solo son la primera potencia militar mundial, sino que están dispuestos a ejercer como tal, haciendo uso de su fuerza al margen de la opinión internacional. Europa, que durante años ha delegado su defensa en los EE.UU, se encuentra con que, tras la caída del muro de Berlín, no cuenta como potencia militar capaz de respaldar una política globalizada. Mientras los americanos pueden librar al menos dos y posiblemente tres guerras simultaneas en tres continentes diferentes, los europeos no fueron capaces de controlar por sí mismos los conflictos yugoslavos.

La gran contradicción de la Europa actual se da en el hecho de haber renunciado a la violencia en su interior pero, ante la evidencia de su

---

[34] Jürgen Habermas. Teoría de la acción comunicativa. Taurus, Madrid 1987. Idem Escritos sobre la moralidad y eticidad. Paidos, Barcelona, 1987.

manifiesta debilidad castrense, verse en la necesidad de potenciar su capacidad militar ante las amenazas del exterior. China unificó en paz sus provincias mediante la concordia, pero ello no la hizo invulnerable a las agresiones externas, recurriendo al recurso de construir una gran muralla protectora. Europa no puede elevar una muralla que la aísle, hoy ni siquiera le es posible a nadie aislarse sanitariamente y recordemos las dificultades de controlar la emigración.

Nosotros, Europa, tenemos esa importante contradicción sobre la propia fuerza, porque mientras el objetivo que nos identifica, una paz construida sobre el diálogo, es un proyecto con vocación universal, Europa está geográficamente limitada al interior de sus fronteras en un espacio de libertad, seguridad y justicia acotado y vulnerable. La Unión Europea no puede crecer ilimitadamente, pero no habrá paz si no hay paz para todos, ya que no podrá haber seguridad ni libertad si no hay seguridad y libertad para todos, porque no hay justicia si no es, por definición, justicia para todos. Tras ratificar e instaurar la constitución, Europa tendrá delante de sí el reto de definir su misión en el mundo y desarrollar su propia propuesta de organización de la globalización.

Toda Europa ha estado de convención. Por primera vez en la historia de la humanidad, quinientos millones de personas estuvimos invitados a dialogar sobre nuestro futuro. La Convención animaba, dirigía y estructuraba ese diálogo, pero no lo monopolizaba. Continuamente y por diversos medios se ha invitando a que quien tuviese algo que decir lo dijese. A la hora de escribir estas líneas, tres años después de presentada la propuesta de Tratado Constitucional, siguen abiertos portales en Internet para debatir sobre el futuro de Europa.

La constitución debiera especificar que la Unión se establece como una *comunidad comunicativa*, recurriendo al diálogo y evitando la coacción, en busca del consenso como medio para la acción coordinada. El artículo I-1 de la constitución debiera haber dicho que "se crea una Unión Europea que se constituye como comunidad comunicativa", pero, como me dijo Giuliano Amato[35] cuando se lo propuse: "Si ya tenemos problemas con lo que todos entienden, mejor no utilicemos

[35] It won't be easy to use these words in the Convention! G.A. venerdì 7 marzo 2003 21.17

palabras que nadie entiende". Pero el hecho es que, a lo largo de medio siglo, la Unión Europea se ha venido desarrollando como comunidad comunicativa sin ser consciente de ello.

La Unión Europea es una comunidad comunicativa que se establece como proyecto de futuro en un ámbito de libertad, seguridad y justicia sobre el territorio europeo. Pero, un ámbito de libertad no puede tener límites. Un ámbito de libertad, por naturaleza, es universal. Nadie puede ser libre en una jaula, por grande que ésta sea. Lo cual plantea el problema de aplicar un principio universal, como es la libertad, a un ámbito limitado. *La misión de Europa es desarrollar, ensayar, consolidar y promocionar un modelo de convivencia multinacional que haga del mundo un espacio de libertad, seguridad y justicia para todos.*

Europa: Una comunidad comunicativa

El carácter jurídico de la Unión Europea permite identificarla como "la unión de estados y ciudadanos que ratifiquen el Tratado Constitucional para constituir, en un ámbito restringido del planeta al que llamaremos Europa, un orden jurídico supranacional como comunidad comunicativa". Según los tratados vigentes, esa Unión debe ser "un proceso de unión cada vez más estrecha entre los pueblos de Europa". Y como dice el tratado constitucional, para "construir un futuro común". El resultado final de ese proceso debiera ser la configuración de un estado supranacional[36]. Como manifestó Martín Wolf en el Finantial Times del 19 de marzo del 2001, "Una Unión europea mayor, más activa y más poderosa, terminará necesitando, antes o después, un estado federal". El problema con la palabra "federal" es que ésta significa diferentes conceptos en distintos países y es palabra que tuvo su ocasión en uno de los borradores del texto constitucional, viéndose el Presidium de la Convención obligado a quitarla del texto de la Constitución por falta de apoyo. El problema con la palabra "estado" es que no deja de tener connotaciones de dominio.

La Unión Europea es una realidad sin precedentes históricos que debe ser definida con términos originales. Si definimos las cosas como Aristóteles

[36] "Such a bigger, more active and more powerful EU will, sooner or later, need its own federal government" Martin Wolf, *The Financial Times*, March, 19, 2001

enseñó, la Unión Europea ni es una federación ni es un estado, es una comunidad comunicativa. Ser una comunidad comunicativa requiere compartir unos estándares de valor comunes y unos mismos parangones de referencia: una misma cultura, una cosmovisión. ¿Cuáles son esos valores? Un rasgo esencial básico de toda comunidad comunicativa, su principal signo de identidad y vínculo de unión, es el compartir un mismo idioma. Dado que Europa carece de un idioma común y que consideramos patrimonio común irrenunciable todos los idiomas europeos, urge acordar cuanto antes, un segundo idioma común que facilite el diálogo entre todos los europeos.

Una vez que hemos comprendido que la Unión Europea es una *comunidad comunicativa*[37], conviene aclarar qué entendemos por *comunidad comunicativa* y lo que ello supone. Definiremos comunidad con las palabras que Cicerón pone en boca de Escipión[38] "la reunión de hombres coadunados por el consentimiento del derecho y por el común interés". Para aclarar el concepto de comunidad comunicativa, recurriremos a Habermas[39], reorganizando sus ideas en un esquema sistematizado, aunque ello lleve a separarnos en ocasiones del propio Habermas, reformulando algunos de sus enunciados y añadiendo otros que les complementen.

Una comunidad comunicativa *es la que acepta la imposición sin coacciones del mejor argumento, en una búsqueda colectiva de la verdad y de la eficacia en la acción común, mediante el diálogo orientado al entendimiento*[40] *y la cooperación.*

"La expresión «acción comunicativa» designa aquellas interacciones sociales para las cuales el uso del lenguaje orientado al entendimiento asume un papel de coordinación de la acción".[41] Una comunidad

[37] Habermas, Teoría de la acción comunicativa, Taurus, Madrid, 1992, pag. 33.

[38] Cicerón, De Republica, libro III.

[39] Habermas, Acción comunicativa y razón sin transcendencia, Paidos Estudio, Barcelona 2002.

[40] Recordemos que para Brandom, entendimiento es un intercambio discursivo de razones.

[41] Habermas. Acciones, actos del habla, interacciones lingüísticamente mediadas y mundo de la vida, en El pensamiento postmetafísico, Madrid, Taurus, 1990. Pag. 67-107.

comunicativa es una comunidad interpretativa. Toda comunidad comunicativa se fundamenta en unos *principios comunes* y unos *valores característicos* que constituyen los rasgos fundamentales y diferenciales de esa sociedad. Los principios comunes a todas las sociedades comunicativas requieren un conjunto de paradigmas compartidos que incluyen una serie de creencias, un conjunto de criterios operativos y un conjunto de procedimientos comunes. *Las creencias* constituyen los presupuestos básicos que permiten la comunicación. Se trata de principios operativos y regulativos de toda conversación, que podemos resumir en los siguientes:

- *Existencial.* Existe un mundo objetivo referencial, al cual nos podemos referir lingüísticamente, que es compartido por los interlocutores.
- *Racionalidad.* Suposición de racionalidad en los actores o principio de caridad de Davidson[42]. "Sin una suposición recíproca de racionalidad no encontraríamos ninguna base suficientemente común que, partiendo de nuestras distintas teorías interpretativas, condujera al entendimiento".[43] La racionalidad incluye: consistencia lógica, acción orientada al éxito, coherencia entre la expresión y la acción y consideración de las evidencias empíricas.[44] La asumpción de racionalidad permite saber lo que cabe esperar de los demás.
- *Moralidad.* Se asume que todos los actores son libres y responsables. Lo cual permite un comportamiento moral. La libertad supone ausencia de coacción forzada y de restricciones impuestas, así como capacidad de acción.
- *Inteligibilidad.* Las expresiones correctas tienen un significado único para todos los interlocutores. Ello *exige compartir parangones* y se ve favorecido por la utilización de *un mismo idioma común.* Caso de no compartir el mismo idioma, como es el caso europeo,

---

[42] Cutrefello, On the transcendental pretensions of the principle of charity, en Hahn, The philosophy of Donald Davidson, La Salle, 1999, pag,333.

[43] Davidson, citado por Habermas en Acción comunicativa y razón sin transcendencia, pag. 71.

[44] Habermás, Acción comunicativa y razón sin transcendencia, pag. 71.

es requisito imprescindible que sean traducibles y se cuente con medios para realizar una traducción sin distorsión.

La acción comunicativa es un cuestionarse en común, pidiéndose y dándose razones, en un intercambio discursivo. Los criterios orientadores de la acción, en toda comunidad comunicativa, son:

- *Valor regulativo de la verdad* como meta de convergencia. Los interlocutores buscan la verdad y el acierto en la acción conjunta.
- Las *fuentes de confirmación* de un enunciado son dos: la evidencia y el argumento, con predominio de la primera sobre el segundo.
- *Provisionalidad de las decisiones* vigentes. La asunción mayoritaria de un enunciado no garantiza su verdad, por lo que todos ellos son falibles, aunque hayan sido asumidos en función de su verosimilitud. No hay argumentos definitivos ni evidencias concluyentes
- Toda acción o exposición tienen una *intencionalidad.*
- Nadie está en posesión de *la verdad*, pero toda opinión razonada, venga de donde venga, puede contribuir a clarificar la verdad y ser una aportación a la decisión final.

Procedimiento operativo:
Toda acción comunicativa eficaz debiera seguir unas reglas y ajustarse a un procedimiento racional que incluya:

- *Debate discursivo argumentativo*, en el que toda pretensión de verdad ha de ser soportada argumentalmente y abierta a ser rebatida con contrarrazones o falsada mediante pruebas en contra. La incursión "del discurso racional aparece como el procedimiento más apropiado, ya que se trata de un procedimiento que asegura la inclusión de todos los afectados y la consideración equitativa de todos los intereses en juego".[45]

[45] Habermas. Pag. Acción comunicativa y razón..., pag. 53.

- El *carácter cooperativo* de la acción comunicativa se basa en la pugna por el mejor argumento, apelando a la racionalidad de los interlocutores.
- *Todos los actores son observadores* de los demás, con capacidad crítica y posibilidad de discrepancia frente a la mayoría.
- Todos *los actores gozan del crédito de los demás*. Asumiendo que todos ellos pueden dar y tomar la palabra, asumiendo compromisos y cumpliendo con las obligaciones y los compromisos asumidos.
- La *intención colectiva* surge por convergencia de las unidades argumentativas en un enunciado, cuya pretensión de verdad es mayoritariamente asumida.
- El *consenso* se afirma contra todas las objeciones por el vigor y *convincencia*[46] de las unidades argumentativas a favor. Se actúa por «buenas razones». La decisión final «vincula»: obliga y une. Todo consenso es sobre algo: hechos o proyectos.
- *Satisfacción*. El argumento vigente debe satisfacer las presunciones pragmáticas. La acción conjunta debe proporcionar resultados satisfactorios.
- Adopción de *leyes comunes* autolegisladas consensualmente y establecimiento de instituciones comunes. La adopción de leyes e instituciones comunes obligan y unen.
- *Las reglas del debate* exigen que: Los interlocutores tengan capacidad para decidir por sí mismos: *Legitimación*. Cada interlocutor tenga una disposición de entendimiento mutuo y recíproco, estando interesado en entender a los otros y hacerse entender por ellos, estableciéndose una empatía generalizada mediante la asunción de la perspectiva del conjunto: *Disposición*. Nadie pueda ser excluido de poder aportar una argumentación relevante aunque sea equivocada: *Universalidad*. La comunicación esté libre de coacciones y restricciones: *Libertad*. Los participantes deben creer lo que dicen: *Sinceridad*. Todos reciban las mismas oportunidades de expresión: *Igualdad*. Todos

[46] Convincencia: Valor de la verosimilitud y credibilidad del conjunto de argumentos y pruebas presentados en una unidad argumental. Su rango es de 0 a 1.

pueden argumentar a favor o en contra de las pretensiones de verdad de los demás. Tolerándose la discrepancia sin tolerar la contradicción (principio de racionalidad): *Crítica.* El objetivo del debate sea obtener resultados: *Pragmática.*

Como consecuencia de la acción comunicativa, el ensamblaje personal[47] de conocimientos, principios y valores pasa a constituir parte del ensamblaje social, reforzándose en él mediante resonancias armónicas a través del acuerdo. Como vimos al tratar del consenso, la intencionalidad converge hacia un proyecto común, al irse armonizando las opciones mediante el acercamiento de posiciones, al aceptar sin imposición las evidencias y argumentos más convincentes, mediante un asentimiento de la razón, que implica acuerdo y compromiso.

En cuanto a la democracia parlamentaria, se ha de tener presente el principio de Burke[48]:

"El Parlamento no es un congreso de embajadores de intereses diversos y hostiles, que cada cual ha de mantener, como agente y abogado de esos intereses, contra otros agentes y abogados; por el contrario, el Parlamento es una reunión deliberativa de la nación con un único interés: el del conjunto, en la que ni propósitos locales ni prejuicios locales han de guiar a nada distinto del bien común ".

Habría que añadir lo que el regidor y poeta Gómez Manrique dejó escrito en el friso del ayuntamiento de Toledo: "...por los comunes provechos dejad los particulares..."

La Unión Europea debiera cumplir con todos los principios específicos de una comunidad comunicativa. También debieran cumplirlos cada uno de sus estados miembros en todas y cada una de sus instituciones políticas.

---

[47] Rafael Rubio de Urquía, Concepciones de la acción humana, teorías de los procesos asignativos y el momento histórico actual, Revista de trabajo y seguridad social, enero-marzo 1993. "La acción humana se ve condicionada por una dinámica cognitiva y otra ética que delimitan lo que el sujeto considera factible, como parte del ensamblaje de creencias, actitudes, conocimientos y valores que el individuo se forja".

[48] Edmund Burke, discurso de 1774. Fuente: Elster, John. *Deliberative Democracy.* Cambride Un. Press. 1998.

La acción comunicativa

"La racionalidad comunicativa posee connotaciones que en última instancia se remontan a la experiencia central de la capacidad de aunar sin coacciones y de generar consenso que tiene un habla argumentativa en que diversos puntos de vista y merced a una comunidad de convicciones racionalmente motivada se aseguran a la vez de la unidad del mundo objetivo y de la intersubjetividad del contexto en que desarrollan sus vidas".[49]

La acción comunicativa requiere de una comunidad de hablantes que, más importante que compartir la lengua, han de compartir las convicciones, es decir: las creencias, los valores y los parangones de referencia. "Un mayor grado de racionalidad cognitivo-instrumental tiene como resultado una mayor independencia con respecto a las restricciones que el entorno contingente opone a la autoafirmación de los sujetos que actúan con vistas a la realización de sus propósitos. Un grado más alto de racionalidad comunicativa amplía, dentro de una comunidad de comunicación, las posibilidades de *coordinar las acciones sin recurrir a la coerción* y de solventar consensualmente los conflictos de acción."[50]

Función regulativa de la verdad

Toda comunidad comunicativa debe procurar la búsqueda conjunta de la verdad para cooperar con eficacia. No puede funcionar con éxito una comunidad comunicativa al margen de la verdad. Pero ¿Qué es la verdad?

La verdad es lo que une y la opinión lo que separa. La verdad es nuestra comprensión común de lo que es, de lo que no es y de lo que debe ser. Todo proyecto común se afirma sobre una pretensión de verdad que convence. Jaspers decía que convencer es vencer en común y solo se vence por la verdad. Toda comunidad comunicativa se rige por el valor

---

[49] D. Pole, citado por Habermas en Teoría de la acción comunicativa, Taurus Humanidades. Madrid 1992. p.27

[50] Habermas, o. c. Pag. 33.

regulativo de la verdad. La búsqueda colectiva de la verdad promueve la convergencia de las opiniones y permite alcanzar consensos que coordinen la acción colectiva. La coordinación mediante la verdad asegura el acierto de las decisiones y facilita el éxito de las acciones realizadas. Habría que preguntarse si existe una verdad objetiva que permita la acción comunicativa, ver cómo es alcanzable y de qué manera actúa la verdad para coordinar la acción. Uno de los valores de la verdad es su capacidad persuasiva, movilizándonos para la acción desde la convicción.

Verdad y Persuasión

Entre las primeras reflexiones documentadas sobre la verdad destaca el poema de Parménides, quien, según la mayoría de los textos modernos que comentan el poema, califica la verdad como "redonda", lo cual transmite una imagen de armonía, perfección y coherencia. Pero hay otra versión. Como relata Pierre Aubenque[51], existe una importante diferencia entre el manuscrito de Simplicius, en el que se reproduce el poema y las versiones de los textos de Plutarco, Sextus, Clemente y Diógenes Laecio. El primero utiliza en el verso 1.29 la expresión ΑΛΕΤΗΕΙΕΣ ΕΥΚΥΚΛΕΟΣ, "verdad bien redonda", mientras que los otros utilizan la versión ΑΛΕΤΗΕΙΕΣ ΕΥΠΕΙΤΗΕΟΣ "verdad persuasiva" o verdad convincente. La traducción que Pierre Aubenque utiliza en sus *"Etudes sur Parménide"*, dice:

"...tanto el corazón imperturbable de la verdad persuasiva *(1.30) como las opiniones de los mortales, en las cuales no se halla la verdadera* convicción." (1.31).

Esta versión, además de considerar a la verdad como persuasiva, proporciona un concepto funcional de la verdad como proporcionadora de *convicción,* ya que "la creencia sigue a la verdad". (2.3). Siendo ese poder de convicción, esa "fuerza de la verdad" (8.12) la que hará evidentes las leyes que rigen la naturaleza del ser, esa "firme necesidad que lo tiene en cadenas envolventes", (8.30-8.31) esa "justicia" que mantiene firmes las cadenas (8.14-8.15) de las leyes naturales a las que se encuentra atado el ser.

[51] Pierre Aubenque. *Etudes sur Parménide*

Siendo la certeza el estado al que lleva la convicción, la cual es causada por la "fuerza de la verdad", la *verdad* se muestra como camino hacia la certeza por medio de la *convicción*, a la que se llega por *la fuerza persuasiva de la verdad*. No basta con conocer la verdad, tenemos que ser conscientes de que estamos en la verdad para que la verdad resulte efectiva y eficaz. Es ese convencimiento la base de la certeza y la fuerza operativa de la verdad como movilizadora de voluntades para la acción concertada. La *certeza* se presenta ahora como el *reconocimiento de la verdad* y la verdad como *aquello que proporciona convicción*, siendo característica de la verdad convincente la coherencia o adecuación mutua entre diversas evidencias, tornándolas persuasivas por la ausencia de contradicciones. La verdad, por tanto, debe manifestarse en su *capacidad de convicción*, fruto del nivel de coherencia, y la coherencia (como verdad formal lógico-matemática) se muestra ahora como *un requisito de la verdad en cuanto condición necesaria para la convicción*. Su base son la evidencia y el argumento racionalmente justificado.

Dado que la mentira también puede ser presentada coherentemente, la coherencia es requisito, pero no es garantía de verdad, pero acota el ámbito donde la verdad florece. Si buscamos la verdad habrá de buscarla entre lo coherente, sin tomar, insisto, la coherencia por verdad. Los sofistas buscan la convicción al margen de la verdad. La retórica busca presentar argumentos coherentes, que resulten convincentes ya sean verdaderos o falsos. Tampoco la verdad es automática y sistemáticamente convincente, recordemos casos como los de Galileo o Colón; mientras que una mentira coherentemente presentada puede resultar convincente, como lo son muchas aporías manifiestamente falsas, y tantos discursos de letrados y políticos, de todo el mundo, de retórica falaz. Quien está en la verdad no necesita recurrir a la violencia para imponerla, pues la verdad se impone por sí misma. Lo que se requiere es mostrar la verdad: convencer. Pero para convencer es preciso mostrar y demostrar. Toda imposición es sospechosa de albergar el error. Una razón más para asumir la superioridad del diálogo sobre la imposición. La Unión Europea debe recurrir al convencer evitando el imponer, fomentando la búsqueda de la verdad frente al *error* y la *mentira*, multiplicar las perspectivas contrastándolas mediante el diálogo para evitar el *error* y el *fraude*. Exhibir la verdad con toda su fuerza de convencimiento y argumentar con razones. El criterio de decisión colectiva debe ser el de dar la razón al *argumento más convincente.*

Para que un enunciado sea tenido por cierto, para que pueda ser asumido de manera que satisfaga la "necesidad de certeza" sin sombra de dudas, deberá ser el enunciado más convincente de los disponibles. Lo cual lleva a otro plano de la verdad: el histórico. Dado que tanto los paradigmas como los datos disponibles y el contexto evolucionan, el enunciado dominante puede ser distinto del que lo fue en tiempos anteriores o del que pueda llegar a serlo en el futuro: Cada momento histórico dispone de su propia verdad. Lo cual lleva a un concepto de verdad como vigencia. *Es verdad lo vigente*, decantándose en lo vigente tanto aquellas "verdades" que habiendo sobrevivido al pasado constituyen nuestra herencia cultural, como las "descubiertas" por nuestra generación y que pasarán a formar parte de nuestro legado. La verdad vigente es el poso último de la historia del pensamiento. Esa consideración, sin más, llevaría a un relativismo histórico. "¿Quiere esto decir -pregunta Ortega en Relativismo y Racionalismo[32]- que la ciencia, y especialmente la filosofía, sea un conjunto de convicciones que sólo valen como verdad para un determinado tiempo?". La relatividad histórica señala un hecho importante, cual es el desarrollo de la verdad en el tiempo, el desvelamiento[52] progresivo de la realidad. Ese mismo desarrollo de la verdad a lo largo de la historia indicaría la existencia de una verdad absoluta, atemporal, a la que se tiende y se busca.

Tendremos, por tanto, que *la verdad absoluta es una verdad límite, regulativa*, a la que se llega asintóticamente por convergencia de las opiniones y verdades históricas temporales que la comunidad humana va alcanzando con el devenir de los hechos científicos y el desarrollo del conocimiento. La verdad no es una posición alcanzada, sino un sentido a seguir. La verdad, como vigencia, es una verdad orientativa, indicadora. *La verdad* se hace *camino.* Si recordamos a Parménides y su afirmación de los dos caminos: el de la verdad y el de la opinión, tendremos que sospechar que el de la opinión converge hacia la verdad, mediante el contraste de opiniones, y que el de la verdad solo podría alcanzarse directamente, según testimonio del propio Parménides, como

[32] Ortega y Gasset, José, Relativismo y Racionalismo

[52] Para los griegos clásicos, la verdad esra desvelamiento.

revelación. La verdad histórica se caracteriza por su provisionalidad. Es una etapa en tránsito y no el término. Una verdad histórica, itinerante, es totalmente coherente con una realidad en evolución, que se va desvelando a sí misma y revelándose progresivamente como una manifestación gradual de lo latente en su actualidad cambiante. La verdad, así vectorizada, orientación y no meta, verdad direccional, indicativa más que descriptiva, aporta a una realidad evolutiva tanto esclarecimiento como sentido. La verdad *da sentido a la realidad* y, como parte de esa realidad orientada, la misión de la verdad es dar sentido a nuestra propia vida. *Verdad es el sentido de la vida.* Vivir con sentido es vivir en la búsqueda de la verdad. La propia verdad histórica es una verdad viva: *la Verdad es Vida.* Recordemos como la razón, esclarecedora de la verdad, se hace en Ortega *razón vital.*

La Unión Europea deberá ir desarrollando y descubriendo su propia verdad a lo largo de un proceso de pequeños y grandes pasos. Tendrá que irse haciendo desde su historia, sin considerarse nunca como concluida. Toda etapa debe aceptarse en su provisionalidad. La verdad de lo *por hacer*, en tanto conocimiento de *lo que debe ser*, se constituye en la determinación de la mejor opción entre las posibles, con lo que, en el diseño de lo que debe ser, la verdad se identifica con el bien. La verdad es el fundamento de la ética. La verdad creativa, descubridora de lo que puede ser, se muestra en la *capacidad de alterar la realidad* con la esperanza de mejorarla. *Verdad es hacer bien hecha la acción correcta.* Hacer realidad lo que debiera ser que no es. Ortega decía que sólo puede ser lo que se mueve dentro de las condiciones de lo que es[53]. Pero no todo lo que puede ser hecho debe ser hecho. Determinar el criterio para poder identificar la dirección hacia el bien y reconocer si estamos en el camino de la verdad, determinar los cambios que proceda realizar en la realidad, una realidad en la que nosotros estamos incluidos, conocer la conducta a seguir lleva a la *verdad práctica* y a la *moral.* La opción práctica abre la posibilidad de un contraste utilitarista de la verdad, de forma que podremos verificar la validez de un enunciado en función de la corrección de las acciones emprendidas sobre la base de la verdad de ese enunciado: la corrección de un pronóstico, la factibilidad de un proyecto, la operatividad de un diseño o las consecuencias de

53 Ortega, La España invertebrada.

una decisión, el efecto de una acción y los frutos de una determinada conducta.

"Un pensamiento que normalmente presente un mundo divergente del verdadero llevaría a constatar errores prácticos"-. (Ortega, La Cultura. Función Vital).

Verdad es lo práctico entre lo practicable, lo conveniente entre lo realizable. La verdad pragmática se encuentra en hacer lo que debe ser hecho. *La verdad se manifiesta en la capacidad de realizar predicciones acertadas.* Esta faceta práctica de la verdad plantea el problema de por quién y cómo se determina lo conveniente, lo que debe ser, ¿quién -en definitiva- define el bien?, pero proporciona un medio para verificar las conjeturas sobre la facticidad de la realidad, al permitirnos anticipar las consecuencias de actos, cuyo acierto podemos comprobar al llevarlos a la práctica.

La autoridad de Europa en el mundo como autoridad moral, deberá fundamentarse en sus aciertos y en sus demostradas intenciones, sin renunciar a que esa autoridad pueda estar respaldada por su capacidad económica y militar, el principal respaldo de sus acciones debiera ser la *autoritas* que otorga el actuar en búsqueda de la verdad. La concepción que las autoridades europeas tengan del mundo debiera ser contrastada en la práctica mediante la acción racional que permita verificar las previsiones con las consecuencias de las decisiones y poder corregir las desviaciones del camino de la verdad.

Verdad y Consenso

Por otra parte, siendo la certeza el otro objetivo de buscar la verdad - además del criterio práctico de la verdad como medido para acertar en las predicciones y en las decisiones-encontramos un nuevo índice de verdad en el grado de convencimiento obtenido y, por tanto, en la carga de convicción y verosimilitud (en la *convincencia*) que transmita el conjunto enunciado-argumentos-pruebas, conjunto que denominaremos *unidad argumental.* Toda unidad argumental tiene una *pretensión de validez* y debe tener un valor de *verdad* o de *eficacia*, según que el enunciado soportado afirme un estado de cosas o proponga una determinada acción.

Una medida objetiva que actúe como índice de la carga de convicción (*convincencia*) de una *unidad argumental*, la tendremos en el número de personas que resulten convencidas al ser expuestas a ella, en el grado de convencimiento logrado, con lo que una valoración de la verdad la obtendremos, en la práctica, por el nivel de consenso alcanzado sobre el enunciado propuesto. Pero no estaríamos midiendo la convincencia, que es un atributo de la unidad argumental, por el grado de consenso, sino lo que Habermas[54] llama *aceptancia*, que es un concepto relativo a la audiencia. La *aceptancia* dependería de la *convincencia* de la unidad argumental, del marco institucional,[55] del auditorio, de la pretensión de validez y del modelo de litigio o finalidad del debate[56], según se busque el consenso o el conflicto[57]. Una importante diferencia entre la *convincencia* y la *aceptancia* la tenemos en la aceptabilidad de los fundamentos por la audiencia y en la inteligibilidad del lenguaje de exposición. Una determinada audiencia puede aceptar sin discusión lo dicho por Mahoma y otra audiencia rechazarlo pero aceptar como dogma de fe lo dicho por Lenin y de poco vale un argumento impecable si es expuesto en chino a una audiencia que desconoce ese idioma.

La validez de la unidad argumental quedará sancionada si se produce su *irrevocabilidad*, entendida como que nadie propone un argumento en contra, y su debilidad vendrá medida por el *grado de refutación* argumental y la consiguiente falta de verdad lógico-empírica o el error práctico en que se incurre de aceptar la proposición debatida y llevarla a la práctica con pésimos resultados.

El grado de acierto de una decisión dará la medida de la verdad de la unidad argumental que motivó esa decisión. Si bien el consenso no es garantía de verdad, ni el disenso prueba de falsedad, Aristarco[58] fue testigo

[54] Habermas. *Teoría de la acción comunicativa* I, Taurus Humanidades, Madrid 1992. Pag. 54

[55] Toulmin, Human Understanding, Princenton, 1972 pag 55.

[56] Habermas, O. c. pag. 57.

[57] Uno de los problemas de la política es que los políticos no siempre buescan el consenso y frecuentemente buscan el conflicto.

[58] Aristarco fue condenado por unanimidad con argumentos correctos basados en puebas falsas.

de ello, el consenso es un índice válido como verificación y contraste, dentro de la provisionalidad de una verdad histórica alcanzada como convergencia de opiniones, como etapa transitoria en el camino hacia la verdad como límite; debiendo ser revalidado por el posterior índice de error o acierto empírico. Barry Allen[33] dice que "una proposición es verdad cuando pasa por verdadera". Pero lo cierto es que las cosas no se hacen verdad por la opinión, sino cuando se hacen realidad. Como manifiesta el mismísimo Aristóteles en los Tópicos (Libro I cap. 1):

"Las tesis probables corresponden a la opinión de todos los hombres o la mayor parte de ellos o de los sabios o de la mayoría de entre ellos." El consenso, por tanto, no es garantía de verdad sino muestra de la evaluación de la probabilidad de acierto al asumir una opinión cuando ésta es compartida por la mayoría. La verdad democrática es solo una alternativa válida en ausencia de una verdad científica. La verdad consensuada, como convergencia de opiniones, es inferior a la verdad corroborada científicamente, pero superior a la incertidumbre inoperante y constituye la base para la acción concertada. La prueba de ello la tenemos en cómo las decisiones económicas son, afortunadamente, cada vez más técnicas y menos políticas, a medida que la ciencia económica progresa. Del mismo modo en que no es ya cuestión de opinión el tipo de pilar que debe sujetar determinada carga, sino cuestión de cálculo, deja de ser tema de debate el valor más adecuado para las diferentes variables macroeconómicas controlables, como el tipo de interés o el gasto público, cuanto más científica es la economía. Lamentablemente sigue habiendo quienes todavía colocan pilares a ojo y quienes fijan el gasto público a capricho

A fin de que la crítica verificativa pueda tener lugar, la unidad argumental deberá ser comunicable y poder plasmarse en un discurso inteligible, para lo cual será preciso utilizar un lenguaje adecuado y preciso a cada manifestación de la verdad. La adecuada elección y utilización del lenguaje en que se formule la propuesta contribuirá al grado de convicción de la unidad argumental.

[33] Barry Allen, *Truth in Philosophy*, prólogo.

Como dice Aubenque:

"*...lo verosímil puede no ser verdadero, pero lo verdadero es impotente si no consigue ser verosímil*".[59]

Por el camino del consenso lograremos la cooperación, pero nunca podremos estar seguros de haber alcanzado la verdad, pues...

"*...nos detendremos al hallar no lo verdadero sino lo que parece verdadero. La verosimilitud es un criterio de probabilidad, no de verdad.*"

Una vez más, encontramos el predominio de la opinión sobre la verdad, sumidos en el reino de la relatividad. Alcanzar el consenso es objetivo de toda unidad argumental. Como señaló Piaget, a medida que el proceso de interrelación mutua de perspectivas se acerca al valor límite de la conclusión completa, se produce un descentramiento de las perspectivas de los participantes en el debate. Lo cual produce una convergencia de opciones, mediante el acercamiento de posiciones, gracias a la "*acción sin coacciones del mejor argumento*".[60] Lo cual lleva a la aceptación sin imposición de la opción mejor soportada por evidencias y argumentos.

El mayor problema lo tendremos cuando no sea posible la verificación, por caer el contenido de un enunciado fuera de nuestro horizonte de observación, cuando se carezca de toda experiencia y no se disponga de ningún testimonio que pueda confirmar o negar nuestras conjeturas. En esos casos, queda poder contar con la congruencia de nuestras propias ideas entre sí, lo cual siempre es exigible como prueba de coherencia personal y social.

El único criterio irrefutable de verdad es lo que Gorgias definía como "prueba contundente", venga ésta de la observación empírica, de la demostración racional, de la argumentación dialéctica o de cualquier otra experiencia interna o externa que la fundamente. Pero, para que una prueba tenga la contundencia pedida por Parménides en su poema, deberá la prueba ser *coherente en la forma y acertada en la práctica.* La

[59] Aubenque, *El problema del ser en Aristóteles.* Cap.III

[60] Habermas. *Acción comunicativa y razón sin transcendencia*, Paidos Studio, Barcelona 2002. pag. 20.

coherencia sigue, una vez más, manifestándosenos como una exigencia formal de la verdad, como un requisito de veracidad y "convincencia". L*a correspondencia con la realidad, mediante el acierto en la acción práctica, será una consecuencia a esperar de la verdad,* dado que actuamos según la forma en que concebimos las cosas. El acierto de las decisiones que se tomen sobre la organización de la Unión Europea se verá en la práctica. Lo cual requiere que se deba dejar abierta la posibilidad de rectificar sobre la base de la experiencia. Esas decisiones debieran ser convincentes de suyo, lo que facilitaría el consenso y permitiría que fuesen asumidas por la mayoría de los ciudadanos de la Unión. El entendimiento mutuo es requisito de la acción concertada. Brandon[61] define el concepto de *entendimiento* como un intercambio discursivo de razones.

Toda concepción se establece en el marco de una cosmovisión. Una comprensión profunda de la realidad europea sólo puede lograrse en el marco de una comprensión global del mundo. La Unión Europea deberá poner de manifiesto la verdad de sus apreciaciones en su propia realidad abierta a la crítica y a la disidencia, dándose a conocer en su verdad. La transparencia debe ser un requisito del modo de proceder de la Unión. El mayor problema del error, y muy especialmente el gran problema de la corrupción pública, no es que exista, sino que se encubra. La coherencia y la transparencia han de ser principios de la Unión.

La diferencia entre la verdad y la mentira es que ésta, tarde o temprano, llevará a errores prácticos, mientras que aquella siempre conducirá a decisiones correctas. Solo a posteriori sabremos si acertamos o erramos. La coherencia limita el ámbito de la verdad y permitirá rechazar con frecuencia la mentira por sus contradicciones. Una comunidad comunicativa se caracteriza por coordinar la acción de sus miembros mediante el diálogo institucionalizado. Dicho diálogo se establece mediante el intercambio de propuestas razonadas y soportadas por pruebas y argumentos en busca del entendimiento y el consenso sobre lo más convincente como conveniente para el conjunto. Todo el proceso se basa en la persecución conjunta de la verdad, pero ¿qué es la verdad?

---

[61] Brandom, Making it explicit, Cambridge, Mass, 1994. pag. 5.

¿Qué es la verdad?

"Izioqui dugu guec ajutu ez dugu".
Hemos recibido la inspiración pero ésta ha sido insuficiente
Glosas Emiliarenses

"El hombre tiene una necesidad radical de certidumbre". Con estas palabras titulaba Julián Marías una de sus conferencias del curso de 1993-94. Creo que esa frase, eco de lo dicho por Aristóteles al comienzo de su Metafísica: "Todos los hombres desean por naturaleza saber", ese deseo define la razón, causa y fin de toda reflexión: la búsqueda de certidumbre. Posiblemente, Calígula no fue asesinado por motivo de su crueldad, sino por razón de su arbitrariedad. No es posible vivir en la incertidumbre. El ser humano indaga en lo desconocido para eliminar la incertidumbre y prevenirse contra lo imprevisto.

Necesitamos concretar nuestra certidumbre en un conjunto de creencias, en un credo, que no necesariamente tiene que ser el dogma de una fe religiosa. Las creencias son esas ideas fundamentales que asumimos como inalterables e indiscutibles, verdades activas en nuestro hacer y encarnadas en nuestro ser. Por ejemplo: nuestra creencia en que estamos vivos y que seguirá habiendo suelo en la calle cuando salgamos de casa. Así, Julián Marías dirá, y antes Ortega, que las creencias, por asumidas, ni se plantean ni sabemos que las tenemos, las vivimos. Unamuno dirá que una verdad sólo es activa cuando, olvidada, la hemos hecho hábito.

Toda creencia debería estar fundada en la verdad y, como tal, abierta a poder ser reconsiderada ante nuevas evidencias que la puedan matizar o corregir. Lo cual es un contrasentido, ya que se constituye en creencia lo que consideramos irreconsiderable. Pero la aceptación de la inapelabilidad de la evidencia y la pretendida invulnerabilidad de nuestras creencias (si las considerásemos vulnerables no serían creencias) no impiden que podamos estar abiertos a la verdad cuando brilla, aún cuando lo haga para poner de manifiesto nuestros errores, perturbando nuestra estructura de creencias.

Pensemos que la principal fuente de error radica en negar la evidencia cuando ésta amenaza la congruencia de las propias creencias. Ello lleva a dogmatismos, la imposibilidad del diálogo y a fundamentalismos. Solo estamos auténticamente seguros de una verdad cuando estamos dispuestos a confrontarla; el creyente sincero nada teme que pueda amenazar su fe. Su motivación es la búsqueda de la verdad y no la defensa de su opinión o la inamovilidad de su credo.

La definición canónica de verdad es la adecuación de nuestro pensamiento a las cosas. Para los griegos clásicos la verdad era descubrimiento (*aletheia*), la realidad va desvelando sus secretos ante el observador hasta la manifestación de lo más íntimo de su ser. La flor muestra desde lejos sus colores, al acercarnos nos da su aroma y tendremos que acercarnos aún más para descubrir su función reproductora.

La historia del pensamiento nos proporciona un recital de definiciones de la verdad. Para Aristóteles, verdad es *decir de lo que es que es y de lo que no es que no es*. Antes, Platón (Cratilo), había escrito que *la proposición que afirma de lo que es que es, es verdad y la que dice lo que no es, es falsa*. Señalando ambos una relación entre la verdad y la palabra.

Para Tomás de Aquino, *verdad es adecuación (adequatio) entre el pensamiento y la cosa pensada*. El pensamiento de que "ahora es de día" es verdad si ese pensamiento se corresponde con el hecho de que el sol está iluminando la parte del planeta en la cual nos encontramos en ese momento. La adecuación o concordancia presupone una concepción realista de las cosas.

Quine[62], precisando el pensamiento de Santo Tomás y siguiendo a Tarski, para quien *un enunciado es verdadero si existe un elemento que lo satisface*, dirá que *verdad es desentrecomillar*. Es verdad que "ahora es de día" porque ahora es de día y es verdad que "esto es un texto escrito" porque esto es un texto escrito. Para ambos, la verdad consiste en que se de una referencia real que satisfaga el sentido del enunciado, haciéndolo verdadero. Se podría criticar éste enfoque, señalando que con el desentrecomillado no establecemos una relación entre una frase

[62] Quine W.V. *La poursuite de la vérité*. Ed. du Seuil. París. 1992.

y un estado de la realidad, sino entre dos frases. Chalmers descalifica esa crítica apelando a que toda frase es una referencia a la realidad. Tanto para Quine como para Tarski, la verdad es una propiedad de los enunciados.

Según Apel[63] la verdad está en el consenso. Podemos afirmar que "ahora es de día" cuando la mayoría de los presentes, si no todos, estemos de acuerdo en que ahora es de día. Es la coherencia de los testimonios que surge como expresión de la coherencia de múltiples evidencias. Para las escuelas pragmáticas, la verdad está en la utilidad, de manera que es *verdad lo útil*, lo eficaz para la acción. Así, para William James *la verdad está en la predectibilidad y la utilidad que para la acción proporciona un mayor control* y, según Bacon, *verdad y utilidad son una misma cosa*. Lo cual es cierto si tomamos como utilidad la confirmación empírica de una previsión, pero en el sentido utilitarista puro es una verdad a medias, dado que siendo cierto que la verdad es útil, se da la utilidad de lo falso, hay mentiras útiles, y se encuentran verdades poco prácticas. La utilidad es un criterio pragmático pero la verdad es un criterio epistemológico, no siendo lo útil criterio de verdad sino de utilidad. Foucault[64] llegará a decir que "*la verdad es una forma de poder*".

Santo Tomás considera que la verdad está en el pensamiento, Mientras que San Anselmo habla de la verdad que hay en la esencia de la cosa y de que el pensamiento es recto cuando piensa que lo que es, es. Locke distinguirá entre una *verdad nominal*: como concordancia de pensamiento y palabra, y una *verdad real*: como concordancia del pensamiento y la cosa. Un concepto básico asociado al de verdad, es el de *evidencia*. Descartes dejó dicho que la evidencia la proporciona toda observación clara y distinta que muestre una representación ineludible de la realidad, atribuyendo esa cualidad a las observaciones internas. Entendiendo por observación tanto las percepciones internas como las externas, sin dar preeminencia a unas sobre otras, tan evidente es la luz del día como el dolor de muelas. La verdad puede darse en los dos

---

[63] Apel, Karl *Teoría de la verdad y ética del discurso*. Piados, Barcelona 1991.

[64] Foucault, Microphysique du pouvoir, Microfísica del poder. Ediciones la Piqueta, Madrid, 1991. Foucault, Un diálogo sobre el poder, Alianza Editorial, Madrid, 1988.

ámbitos. La evidencia resulta de toda verdad que viene impuesta por si misma.

Todo enunciado sobre el estado de las cosas deberá pasar una prueba de contraste con la realidad para ser evidente. Verdad sería *lo que pasa la prueba*, lo contrastado, lo que supera el *"elencus"* de Parménides. Partiendo de la sensación, la creencia en la realidad de lo observado se da cuando percibimos un carácter por el cual se nos induce a creer que lo percibido es real y que la percepción representa adecuadamente esa realidad. La verdad requiere la presencia de ese *carácter de real* del que habla Zubiri[65] y se da en la percepción como fuerza de imposición de lo sentido que permite creer que lo percibido es real y asumir que nuestra percepción concuerda con esa realidad. La verdad entraña un carácter doble: un carácter en la cosa perceptible por el observador (el carácter de realidad) y un carácter en nuestra *noción* de la cosa como percepción de algo real. Parafraseando a Heidegger[66], podríamos decir que la verdad es la igualdad en la diferencia ontológica entre el ser y el pensar, entre el ente y la idea. Visto el marchamo de verdad subjetiva como un carácter de la percepción, no por ello dejamos de estar en el ámbito de la subjetividad. Sin embargo, la subjetividad del pensar se objetiva en el lenguaje, facilitando un vehículo de comunicación interpersonal que permite contrastar percepciones y compartir verdades. Hemos de preguntar de dónde viene la percepción del carácter de realidad. Toda realidad la percibimos como tal por su constancia o permanencia. Así, verdadero es lo constatado y vemos como real lo persistente como consistente e insistente. Una percepción efímera hace dudar de lo percibido. Persistencia, consistencia e insistencia llevan a suponer la existencia de la realidad que contemplamos, en su *patencia*. El carácter de realidad de lo observado lo proporciona la permanencia de las cosas reales en su ser.

La posibilidad que se le ofrece a la razón de conocer lo que esconde la incógnita de la cosa en sí, está en la posibilidad de la mente de despejar esa incógnita, a partir de la calidad y número de *relaciones del sujeto con la cosa* y la información que le proporciona su capacidad de percibir. La

[65] Zubiri, Inteligencia sentiente, Inteligencia y realidad. Alianza Editorial, Móstoles (Madrid), 1984., p 33.

[66] Heidegger, *El ser y el tiempo*, 7 B , Fondo de Cultura Económica, Madrid, 1967.

ejecución de esa operación requiere suponer la incógnita del en sí de la cosa como constante: asumir la permanencia de lo observado durante la observación, es decir, exigir como condición de todo conocimiento *la invarianza de la referencia* o, lo que es lo mismo, atribuir a la cosa una identidad permanente.

Es en base a nuestra interpretación de nuestras relaciones con lo observado como emitimos los enunciados. La interpretación que hacemos de nuestras percepciones se mejora con la experiencia. Es conocido el fenómeno de los ciegos de nacimiento que recuperan la vista y durante algún tiempo son incapaces de interpretar lo que ven. Se puede decir que, a través de una observación, hemos emitido un enunciado en el que hemos cifrado *una interpretación de la realidad observada*, interpretación que coincide con *el sentido que damos a la frase proferida* sobre esa realidad.

El problema de la verdad se complica porque hay tres formas de la verdad: la subjetiva, la ontológica y la moral. La verdad subjetiva, la verdad pensada, se muestra en nosotros como verdad psicológica o *convicción*. La verdad ontológica está en la identidad del objeto consigo mismo, en su *autenticidad*. Así, una copia de una obra de arte será falsa en su pretensión de ser el original pero auténtica como copia. La verdad moral se da en la concordancia entre lo pensado y lo dicho, en la *sinceridad*.

Tenemos, por tanto, tres elementos: La *cosa* que observamos, nuestra interpretación de lo observado que se da como *noción* de la cosa y el *enunciado* con el que expresamos nuestra interpretación de lo observado. La cosa se da en la realidad objetiva, la noción en nuestra mente y el enunciado se manifiesta en el lenguaje. Las aparentes discrepancias que se dan entre las diferentes definiciones de la verdad que hemos recordado no son contradictorias, se deben a que se refieren a distintas formas de la verdad.

El proceso que se sigue desde el momento en que observamos algo hasta la confirmación de su verdad por la evidencia es el siguiente: Manifestación del ser en su decir de sí mismo como ente existente. Observación de lo manifiesto como realidad observable. Memorizar diversas sensaciones que nos produce la cosa observada al relacionarnos con ella, para integrarlas en una noción de esa cosa. Se razona, es decir, se da razón del ser y contrastamos si la cosa da razón de su ser como ser real en su disponibilidad. Se juzga la cosa en su disponibilidad como conjunto de posibilidades a nuestra disposición. Se vuelve a la cosa (o no) para utilizarla como utensilio o materia, verificando su disponibilidad real con nuestra apreciación de lo que podría proporcionarnos para nuestros propósitos. Si la cosa responde a nuestras expectativas se confirma la evidencia de su ser y la verdad de nuestra noción de la cosa.

Al pensar, se conciben posibilidades sobre el ser mediante la realización de juicios basados en el saber teórico y en la experiencia. Esta capacidad de generar posibilidades para descubrir la verdad respecto a la disponibilidad del objeto, es lo que permite utilizar al objeto o transformarlo. La verdad de algo trasciende lo que es a lo que potencialmente podría ser y lo que con ello podríamos hacer. Como el juicio se genera a partir de una observación o sensación, aquí tenemos la interrelación en el pensar entre la observación de la realidad y el enunciado de lo dicho sobre esa realidad en su potencialidad. Recordemos que para Tarski la verdad está en el enunciado, de manera que un enunciado es verdad cuando lo que dice es verdad. Podemos ahora aclarar, que un enunciado es verdad cuando *el sentido que le damos* coincide con la *interpretación que hacemos de la realidad sobre la cual hablamos,* al concebir esa realidad en su disponibilidad, como conjunto de posibilidades de acción que verificamos al intentar realizarlas. Como resultado de este proceso, emitimos juicios sobre la *disponibilidad* del objeto y concebimos acciones en base a esos juicios, tanto sobre lo observado como sobre lo conocido indirectamente a través de noticias, enunciados que llegan de otros o imágenes sensibles que hemos de interpretar. Los enunciados que emitimos expresan posibilidades de la realidad que hemos enjuiciado. Todo enunciado es una presunción teórica sobre la realidad que habrá que verificar mediante la acción.

La falta de verdad

El ser dice de sí mismo lo que muestra al manifestarse como lo que es, mientras que los seres humanos decimos de los otros seres lo que pensamos de ellos, sobre la base de lo que interpretamos de lo observado en lo que nos es mostrado. Tomando a la verdad como *adecuación*, se muestran las tres facetas de la verdad que veíamos antes: La adecuación del ser a lo que éste dice de sí mismo en lo que muestra de sí. La adecuación de nuestro pensamiento al ser en base a lo manifiesto en él y observado por nosotros como interpretación de lo percibido. La adecuación de nuestro decir a lo que pensamos.

La falta de adecuación entre lo que el ser es y lo que muestra de sí constituye *la falsedad.* Se evita con *autenticidad.* La falta de adecuación entre lo que pensamos sobre una realidad y esa realidad constituye *el error.* Evitarlo requiere *objetividad.* La falta de adecuación entre lo que decimos y lo que pensamos constituye *la mentira.* Se evita con la *sinceridad.*

Si pensamos que es un Dalí un cuadro que no es de Dalí estamos en un *error.* Si decimos que es de Dalí un cuadro que pensamos que no es de Dalí, *mentimos.* Si un cuadro que no es de Dalí aparenta ser de Dalí, se trata de un cuadro *falso.* Hay por tanto, tres facetas de la verdad: Una verdad en el mostrarse de las cosas, en su forma, una verdad en el pensar, en la noción de las cosas, y una verdad en el decir de los hombres, en los enunciados. Autenticidad, objetividad y sinceridad son tres fromas de la verdad. Podríamos cerrar el triángulo de la verdad con el concepto de *corrección*, definiendo como verdadero o correcto todo enunciado cuyo significado es satisfecho por el estado de cosas.

La dificultad para acceder a la verdad surge por la diferente naturaleza entre el ser, el pensar y el decir, de la necesidad de trascripción para pasar del ámbito de la realidad al de las ideas y de éste al de los enunciados. Es por ello que resulta tan difícil determinar la concordancia entre los diferentes términos de la verdad, pues se encuentran es tres planos de realidad diferentes o, como diría Popper, en tres mundos distintos, siéndo más fácil identificar discordancias extremas que permitan identificar mentiras, errores, incorrecciones y falsificaciones groseras que determinar la verdad. Es más fácil falsar que verificar. Mientras que la verificación es factible en los enunciados individuales, es imposible en los enunciados universales. La dificultad para identificar la verdad hace que llamemos con frecuencia verdad a lo que no es sino una mera verosimilitud. Para poder afirmar la verdad necesitaríamos poder reconocer la plena concordancia entre los términos, lo que exigiría movernos en un medio de naturaleza homogénea.

Podemos resumir lo dicho y decir, matizando la definición tarskiana, que *un enunciado es verdad cuando* la interpretación *que doy a ese enunciado,* atribuyéndole un significado, *concuerda con* el sentido *del juicio con el que mi pensamiento interpreta lo que la realidad me muestra.* La verdad no es un atributo del enunciado, sino de su interpretación, la cual se da en la mente, siendo, por tanto, de la misma naturaleza que el juicio, por lo que la adecuación entre ambas es plena, por darse en un mismo plano de la realidad: la mente humana. Lo cual lleva a concluir que la verdad subjetiva es un atributo de un estado mental.

La interpretación del enunciado es fundamental para valorar la verdad. Dicha interpretación dependerá de diversos factores, como el contexto en que se diga lo dicho, el tono de voz, el estado anímico del receptor, pero el primer condicionante es el lenguaje. Recordemos que el enunciado: "I VITELI DEI ROMANI SONNO BELLI", en latín significa: "Ve ,oh Vitelo, dios romano, al son de la guerra". Pero en italiano, esa misma frase, se traduce como: "Los corderos de los romanos son bellos". Lo que demuestra que la verdad no está en el enunciado, como afrimaba Tarski, sino en su interpretación. Tampoco podemos buscar la concordancia de nuestros enunciados con las cosas, sino con nuestros juicios sobre ellas. *La mente percibe*, según Locke, *cómo cada idea concuerda consigo misma*. En la subjetividad de la idea, pensamiento y ser se identifican.

Pero si la veracidad de un enunciado lo es respecto a un juicio erróneo, tendríamos la posibilidad de enunciados *veraces* (que no son mentira), pero *erróneos* (que no son verdad), lo que lleva a que la verdad subjetiva no es garantía de verdad y que la única verdad sin mácula es la verdad objetiva que la realidad impone en su manifestarse. Hay un caso en el cual coinciden realidad, pensamiento y enunciado: cuando decimos "pienso" conscientes de lo que decimos. De ahí que el "cogito" de Descartes sea una verdad radical. En el decir del *cogito* coinciden el ser y el pensar parménicos con ese decir.

El ámbito ontológico de la verdad se da fuera de nuestro pensamiento, la verdad se muestra en la cosa misma en su *autenticidad*, al mostrarse como lo que es. Esa verdad siempre acompaña a las cosas, incluso a las falsas, el que en ocasiones nosotros no seamos capaces de reconocer la falsedad, no significa que no se muestre, bastará con que pongamos un poco más de atención a ciertos detalles (como hacemos para reconocer ciertos billetes de banco falsos) o que observemos más de cerca (como los tanques de plástico de la Guerra del Golfo) o de que sometamos la observación al escrutinio del ojo del experto capaz de reconocer la autenticidad o falsedad. La realidad siempre impone su verdad, el error reside en nosotros al malinterpretar lo observado.

Siempre y cuando se mantenga vivo el diálogo, la viabilidad de una sociedad heterogénea es posible porque existe una verdad única sobre la que ponerse de acuerdo, la verdad expresada por esa realidad que compartimos, a pesar de mantener diferentes opiniones desde cada una de las diferentes perspectivas, geopolíticas y culturales. La verdad objetiva coincide con la realidad, si no hubiese una verdad no habría realidad, siendo la verdad lo que la realidad manifiesta de sí misma como lo que es, pero esa verdad no es plenamente alcanzable desde ninguna perspectiva parcial. La verdad se vislumbra desde una pluralidad dialogante que la busca. La clave del éxito de una comunidad comunicativa está en la búsqueda de la verdad entre todos, buscando, conscientes de la dificultad que entraña, lo que en verdad es el bien común como único criterio para coordinar con éxito la acción conjunta mediante el lenguaje.

El lenguaje

El lenguaje es un conjunto articulado de gestos intencionales significativos. El lenguaje se genera en el proceso de conocer en un entorno lingüístico. Una vez dotados de la palabra, la cuestión es su utilización como medio de comunicación. Frente a la tesis de Wittgenstein de que no habría una función lingüística única que permita definir el lenguaje, considero que sí la hay, siendo ésta la de procurar mediante la palabra efectos en el oyente en concordancia con la intención del hablante. Llamaré a esa función *función proposicional.* Todo hablar es un reclamo de la atención del oyente para algo, una solicitud con un propósito, siendo los actos del habla proposiciones. Cuando un niño articula sus primeros sonidos, comenzando con llanto y balbuceos, lo que le mueve a ello es una intención: que le muden, que se le alimente, que lo miren y que, en definitiva, le presten atención a fin de poder influir en el comportamiento ajeno. Toda proposición lingüística encierra una propuesta en la que se proyecta alguna intención. La propuesta puede ser una propuesta de acción o un sondeo de posibilidades. Una proposición se realiza cuando el oyente actúa en correspondencia con la pretensión del hablante.

La voz no es independiente, sino que forma parte de un contexto gestual más amplio. Toda expresión oral puede ir acompañada de algún otro gesto: agitar los brazos, mover la cabeza, patalear, señalar, subir las cejas, alzar un puño amenazante o agitar una mano amiga en un cordial saludo. La ventaja del lenguaje hablado es que rápidamente prueba ser más eficaz, multifacético y preciso que cualquier otro sistema de gestos, además de poder tener como interlocutor alguien que no pueda vernos y, tras la trascripción a la escritura y la telecomunicación, permitiendo comunicarse con alguien ausente y lejano en el tiempo o el espacio.

Al igual que el ser humano proyecta su intención sobre las cosas, haciendo de ellas útiles, instrumentalizándolas, atribuyéndolas una potencial funcionalidad que las da sentido; proyecta también su intención en los gestos que realiza, incluidos como gestos los elementos fonéticos y gráficos que expresa. Toda proposición tiene un valor semántico y un valor pragmático. El *valor semántico* de una proposición es un valor de verdad y el *valor pragmático* un valor de eficacia. La eficacia no es un valor binario, sino analógico, dado que, si bien puede lograrse una realización total o nula, lo más frecuente será que se consiga un logro parcial de nuestra intención al decir. La eficacia se ve facilitada por la verdad, pero podría lograrse sin ella. La eficacia semántica es la razón por la que existen mentiras.

Llamaremos *designio* de una proposición al logro que pretende conseguir el hablante al proferirla. El designio es la proyección de la intención del hablante en el acto de habla. El *significado* de una proposición es el criterio por el cual el hablante justifica negar la proposición o afirmarla, independientemente de cual pueda ser el designio. La intención del hablante es motivar al oyente para que actúe sobre la base de una visión del mundo real o ante una visión ideal de un mundo posible por alcanzar. Pero la intención del hablante no siempre se dirige a motivar al oyente a actuar, puede tratarse de conseguir que se inhiba de hacer algo o de que sencillamente se crea lo que se le dice o de que facilite información al hablante a fin de contrastar su visión del mundo y buscar el apoyo del interlocutor para lograr un mayor conocimiento y convencimiento sobre la visión de la realidad de la que deberán partir o sobre la posibilidad que pretenden alcanzar. Encontramos dos tipos de propósitos: un genérico deseo de sondear posibilidades o confirmar hechos y un deseo concreto de promover nuevas realizaciones mediante la colaboración de terceros a quienes hay que motivar con argumentos. El argumento más elemental es informar de un hecho. Toda noticia es intencional.

El tema fundamental del lenguaje no es la realidad sino lo posible. Mediante el álgebra del lenguaje sopesamos qué se puede hacer y qué cabe esperar. El lenguaje determina un espacio de posibilidades de acción y pasión, a la vez que propicia un conjunto de instrumentos lingüísticos por medio de los cuales podemos actuar a través de otros. En este sentido, el lenguaje es el medio de la acción inducida mediante la comunicación o *acción comunicativa*. Como los designios son intencionales, las mayores discrepancias se producirán en la determinación de las posibilidades y la fijación de las metas, mientras que el consenso será más fácil lograrlo al hablar de hechos, discrepando tan sólo en la interpretación de algunos hechos en tanto afecten a los designios de los interlocutores de manera que puedan distorsionar su interpretación.

Los lenguajes evolucionan según se van descartando posibilidades del estado de cosas o vislumbrando otras nuevas. La elaboración y mantenimiento del lenguaje es un esfuerzo colectivo que no puede ser realizado por un individuo aislado dentro de un lenguaje privado, dado que es necesario compartir el significado con los interlocutores.

Como cada mente se adecúa a la realidad a su manera, se plantea el problema de la dificultad de la intersubjetividad, ¿cómo es posible que distintos interlocutores puedan compartir los significados de los enunciados que utilizan para comunicarse entre ellos? El problema se resuelve gracias a que la interpretación que hacemos de la realidad observada y de los enunciados manejados se establece con respecto a parangones o modelos compartidos que tenemos de las cosas, proporcionando objetividad a los significados que atribuimos a las palabras. Hay tres tipos de parangones:

Arquetipos, son elementos seleccionados de la realidad para ilustrar objetivamente un concepto. Ej. La Venus de Gnido o determinadas estrellas de cine que se toman como arquetipos de belleza femenina.

Definiciones y descripciones, son modos del decir. Las primeras corresponden a los conceptos y las segundas a las cosas sensibles tomadas como arquetipos. Ej. Belleza 1: propiedad de las cosas que nos hace amarlas. (Real Academia Española). Belleza 2: Mujer notable por su hermosura. (R.A.E.).

Conceptos, son producto del pensamiento, establecidos en base a arquetipos y definiciones. Ej. El concepto de Belleza.

El conjunto de los parangones se estructuran en un paradigma que proporciona una cosmovisión. Cuando no contamos con ningún parangón adecuado, hemos de buscar modelos y desarrollar un *prototipo* mediante un esfuerzo creativo combinando parangones existentes e imaginando elementos nuevos. Al introducir como ilustración del significado los parangones: arquetipos, definiciones o descripciones, y conceptos, facilitamos la intersubjetividad. La intersubjetividad se refuerza al compartir experiencias.

El concepto de Europa lo iremos forjando con el conjunto de experiencias que vayamos compartiendo en relación con Europa. Cuanto más numerosas sean las vivencias compartidas por el mayor número de europeos mayor será la comunicabilidad entre ellos. Los medios de información tienen un papel importante en la puesta en común de experiencias públicas y privadas. A pesar de las dificultades que la pluralidad de idiomas presenta, la realidad objetiva del referente y la invarianza de la referencia[67] garantizan la posibilidad de la

[67] Aunque los diferentes observadores de una misma cosa se forjen distintas nociones de ella, la *invarianza de la referencia* hace que todos hablen de lo mismo aunque digan cosas distintas.

traducción y la comunicabilidad intereuropea. Una Europa concebida como institucionalización del diálogo ha de prestar importancia al lenguaje y deben sus ciudadanos compartir parangones establecidos culturalmente.

Aún existiendo parangones comunes por una cultura compartida, la verdad se oculta y la cooperación se dificulta por estupidez, dogmatismo, anteponer intereses particulares a los comunes y soberbia.

La calidad de la comunicación necesaria entre perspectivas diferentes estará condicionada por el lenguaje utilizado y el conocimiento que del lenguaje común tengan las partes involucradas. Es importante mantener la diversidad cultural de la Unión Europea, garante de una multiplicidad de perspectivas, y, al mismo tiempo, fomentar la utilización de un lenguaje común, perfectamente conocido por todos, lo que exigiría una enseñanza de la lengua común para todos y desde edad muy temprana. Para decidir sobre una lengua común, habrá que acercar previamente las diferentes perspectivas nacionales sobre ese tema.

La pluralidad lingüística europea es una riqueza irrenunciable, ya que permite percibir y analizar la realidad desde diferentes estructuras mentales, aportando cada lengua matices y precisiones al análisis de determinados ámbitos de la realidad que otras lenguas no apreciarían por carecer de las herramientas lingüísticas adecuadas, estando cada lengua mejor adaptada que otras a diferentes ámbitos. Los ciudadanos europeos debieran hablar varias lenguas, al menos ser bilingües, sería sensato que todas las lenguas se protejan y que la segunda lengua fuese común para todos. La interpretación y la traducción permiten el diálogo entre personas que utilizan lenguas diferentes, pero sería aconsejable que todos los europeos dominasen un *mismo idioma común*, evitando mediaciones y distorsiones. Cada país debiera proponer como segunda lengua un idioma que no fuese el suyo, y del artículo 290 del Tratado de la Unión Europea debiera eliminarse la unanimidad para fijar el régimen lingüístico. A pesar de las dificultades que la pluralidad de idiomas presenta, la realidad objetiva del referente y la invarianza de la referencia[67] garantizan la posibilidad de la traducción y la comunicabilidad intereuropea.

Naturaleza de la Unión Europea

La función determina la forma. Diseñamos útiles y herramientas dándoles forma en función de su función. Las cosas manifiestan lo que son en su forma y es mediante el conocimiento de esa forma como reconocemos para qué son. Los filósofos clásicos ya detectaron la estrecha relación entre la forma y la esencia de las cosas. Dado que la forma de la Unión Europea es jurídica, hemos de reconocer lo que la Unión es lo que diga su constitución qué es. Las tres facetas que componen la estructura de la verdad: ser, pensar y decir, evocan los tres mundos de Popper[68], quien propone una estructura tripartita de la realidad: el mundo de los estados físicos, el de los estados de conciencia y el de los contenidos semánticos de los símbolos. Tres universos que se corresponden con la realidad material, el espíritu subjetivo y el espíritu objetivo de Hegel y de Hartman. Los griegos clásicos ya diferenciaban entre la naturaleza (*physis*), el pensamiento (*psike*) y la convención (*nómos*).

Con los dos primeros mundos popperianos estamos muy familiarizados, el mundo físico y el mundo subjetivo son la *res extensa* y la *res cogitans* de Descartes y nuestra experiencia cotidiana nos mantiene en permanente contacto con ambos, mediante nuestras constantes percepciones externas y reflexiones internas. El tercer mundo popperiano resulta un concepto conocido pero menos familiar, sobre el cual conviene detenerse. Los símbolos son el puente entre los dos mundos anteriores, los concebimos mentalmente pero los materializamos en objetos sensibles, leyes e instituciones. Su ámbito de realidad es social, por lo que tienen una doble existencia física y mental que son públicas y colectivas. Un elemento paradigmático de este tercer mundo del *nomos*[69] es el lenguaje, el cual, junto con otros ámbitos de la realidad social, como el arte, el deporte, la moda... configuran la cultura de los pueblos:

También habría que recordar aquí las tres formas de pretensión de validez de Habermas[70]: la verdad de los enunciados, la corrección de los actos regidos por normas y la autenticidad de las expresiones de

[68] Popper, Karl. *The Self and the Brain.* New York 1977 pag. 38.

[69] Nomos, término griego que podríamos traducir por la ley o lo socialmente acordado.

[70] Habermas. *Teorñía de la acción comunicativa I,* Taurus. Madrid 1992. pag. 144.

la subjetividad que se entrelazan en toda acción comunicativa, junto con las tres reinterpretaciones que hace Habermas de los mundos de Popper: el mundo objetivo, el mundo subjetivo y el mundo social de las relaciones interpersonales. Recordando que, para Habermas, los actos de habla "simultáneamente expresan un contenido proposicional, la oferta de una relación interpersonal y una intención del hablante"[71] buscándose mediante *la acción comunicativa* el entendimiento y la coordinación de la acción.

Mediante los conceptos anteriores, podemos reconocer que la naturaleza de la Unión Europea se encuadra en ese tercer mundo de Popper, convencional y simbólico, que incluye las leyes y las instituciones, junto con los símbolos de identidad, como el himno y la bandera. Un mundo que se corresponde con el mundo social de las relaciones interpersonales de las que habla Habermas. Se trata, por consiguiente, la Unión Europea, de una creación del espíritu humano que, como diría Hegel, se objetiva en un conjunto de leyes e instituciones sociales orientadas a la coordinación de la acción de los estados miembros mediante la institucionalización de la acción comunicativa. La Unión Europea es, por tanto, *una realidad social*, una comunidad convencional y simbólica: una comunidad comunicativa en busca de acciones concordadas que optimicen el interés común, siendo la acción comunicativa en busca del mejor argumento, logrado mediante el debate racional argumentativo, el mecanismo que coordina la acción de los Estados Miembros.

La Unión Europea debe buscar la unión, pero no la uniformidad, pues la diversidad es patrimonio del ser, mientras que *el uno*, en tanto ausencia de toda posible diferencia, es el conjunto de la nada. La unión no supone renunciar a la propia identidad, un colectivo de identidades no es uniformidad, ni siquiera es unidad, ya que somos pluralidad. La unión supone constituirnos en un sujeto plural, en un nosotros. Ni el yo ni el tú desaparecen en el nosotros, sino que lo integran, reforzándose esa unión con la convivencia. No hay un *uno* en el nosotros, en todo nosotros por lo menos hay dos. El éxito de la Unión Europea parte de haber logrado la institucionalización del diálogo entre los estados miembros, permitiendo la unión sin renunciar a la pluralidad: *Pluribus*

[71] Habermas. OC. pag. 138.

in unum (lema de la Unión Europea). La pretensión de unidad ha roto más de una comunidad humana. Los tres grandes saltos de la creación: de la nada al ser, del ser inerte al vivo y del ser vivo al racional, son saltos hacia la diversidad. La unidad está en la irracionalidad, en la muerte y más aun en la nada. La Unión Europea es lo que esta siendo en su diversidad, debiendo en cada instante estar abierta al cambio, en cuanto superación de lo dado.

La Unión Europea, para existir, necesita de la geografía y las instituciones como condición necesaria pero no suficiente. La existencia de la Unión requiere, como esencial, de la voluntad manifiesta de sus ciudadanos para desarrollar un proyecto común que aliente su existencia. La posición de la UE se determina espacialmente por su geografía y temporalmente por su historia. Dentro de la historia hay que destacar los componentes culturales, sociales, científicos y económicos como parte de su historia militar, social y política. La *facticidad*[72] de la Unión Europea está constituída por el territorio, los ciudadanos, los recursos patrimoniales y las manifestaciones culturales. Lo *esencial*[73] lo constituye la intencionalidad, el propósito de unión de los pueblos y los estados europeos, *su voluntad de colaborar en un quehacer común*, forjando un futuro común. Una intención manifestada formalmente en los tratados vigentes y expresada en las primeras líneas de la constitución. Todo ello podría cambiar de un instante a otro, sin que deje de seguir siendo la Unión Europea, en tanto se mantenga la intención de mantener un proyecto común, verdadera esencialidad de la Unión. El *ente* europeo es una entidad colectiva: el pueblo europeo constituido en un "nosotros", y su *quididad*[74] está definida por los tratados, plasmándose en un conjunto de instituciones y normas que configuran una estructura orgánica y su forma de operar.

Podemos definir a la Unión Europea como la entidad colectiva derivada de asumir una constitución común, fruto de una voluntad común. El modo que ha elegido el pueblo europeo para institucionalizar su forma colectiva de ser. Antes fueron estados nacionales independientes y enfrentados, y mañana podría ser otra la forma de relacionarse. Todo

[72]Facticidad: Lo manifiesto y tangible de un ente.

[73] Esencial: Lo que hace que un ente sea lo que es.

[74] Quididad: Lo que un ente es como tal ente.

dependerá de cómo se determine su intención esencial de convivencia en cada momento histórico.

La Unión Europea debe dotarse de sus propios órganos de percepción al servicio de sus necesidades de información, junto con sus medios de gobierno y acción. Las relaciones con los demás paises son importantes tanto para la *existencia* de la Unión como para su *persistencia.* Si ser en el mundo implica la atención y cuidado (*sorge*)[75] de los otros seres con los que se es, a las relaciones con las otras naciones debiera prestarse especial *atención y cuidado.* La Unión Europea debe hacerse patente en el mundo, gestionando y dando a conocer su actualidad y su facticidad sobre la base de la información de que disponga sobre la situación mundial. La calidad de dicha información constituye un elemento de acción y relación.

Una decisión radical de todo ser vivo ante otro es la de decidir entre la indiferencia, la colaboración, la huída o la depredación. La propia constitución de la Unión, como institucionalización del diálogo entre sus estados miembros, obliga a Europa a ser coherente consigo misma y optar por el camino de la paz y la colaboración en sus relaciones internacionales, fomentando el diálogo internacional con todas las naciones y entre todas las naciones bajo la ley. La Unión Europea es un testimonio vivo de cooperación internacional mediante la libre acción comunicativa entre sus miembros que debe adaptar su propio modelo a las relaciones internacionales con quienes no forman parte de la Unión, dando testimonio de sí misma. Ninguna nación puede sernos indiferente.

El éxito material de la Unión Europea no debe hacernos olvidar las tesis de Erasmus y Luis Vives sobre la importancia del "cuerpo místico", la necesidad de contar con una fe compartida, con un ideal común, sin un espíritu común ningún cuerpo social puede vitalizarse. Recientes declaraciones de personalidades europeas relevantes hablan de la importancia de una nueva fe pan-europea en "los principios fundamentales sobre los que se basa la Unión". Así, el Presidente Prodi, declaró como Presidente de la Comisión[76]: "Los principios de libertad,

[75] Heidegger, *El ser y el tiempo*, Fondo de Cultura Económica, Madrid, 1967.
[76] Discurso ante el Parlamento Europeo, el 2 de Febrero del 2000.

democracia y respeto por los valores humanos son los fundamentos de la Comunidad... Europa es una comunidad de ideales compartidos, valores y conocimiento... Europa será una unión en libertad, que soporta la legalidad, constituyendo un área de seguridad y paz". Y Madame Fontaine[77] defiende que "los principios fundamentales deben permanecer sujetos a la unanimidad". Si bien todo estado moderno debiera ser un estado laico, lo cual no implica renegar del espíritu sino ser tolerantes con las diversas manifestaciones religiosas, hemos de tener en cuenta que toda comunidad comunicativa debe compartir ciertos estándares, un conjunto de valores comunes y unas creencias compartidas. Europa debe ser consciente de que su misión no es un fin en sí misma y para ser con propiedad ha de prestar atención y cuidado a las otras naciones. Europa ha de ser el paradigma y el fermento de otras uniones en otras regiones del mundo, orientando el proceso hacia una ordenación mundial en la que los principios fundamentales en los que Europa cree: libertad, paz, seguridad y justicia, se vean fortalecidos y se generalicen, haciéndose una realidad para toda la humanidad. Como Madame Fontaine dijo en su discurso como Presidente del Parlamento Europeo con ocasión de la reunión del Consejo Europeo de Helsinki, el 10 de Diciembre 1999. "los derechos humanos son universales".

La Unión Europea es una realidad social constituida por aquellos pueblos de Europa que, explícitamente renuncian a la *acción de dominio* para resolver sus diferencias y abogan por desarrollar sus relaciones mediante la *acción comunicativa* mediante el Método Comunitario, con fe en que los valores de libertad, paz, seguridad y justicia son universales. El criterio que debe presidir toda acción comunicativa debe ser la búsqueda colegiada de la verdad para lograr el consenso. Las complejidades de la verdad y las limitaciones del lenguaje hacen que el consenso no sea inmediato, pero conocer las dificultades ayuda a superarlas.

---

[77] Discurso ante el Consejo Europeo de Helsinki, el 10 de Abril de 1999

¿Por qué formar una Unión Europea?

"La paz mundial no puede salvaguardarse sin unos esfuerzos creadores equiparables a los peligros que la amenazan. La contribución que una Europa organizada y viva puede aportar a la civilización es indispensable para el mantenimiento de unas relaciones pacíficas."

Declaración Schuman, 9 de mayo 1950.

Solidaridad interesada

Al plantearnos el "por qué" de la Unión Europea encontramos una clara razón objetiva, y es que el equilibrio concertado tipo Nash, que se obtiene de la cooperación y del acuerdo mutuo, es superior al equilibrio de Adam Smith que se logra con la acción competitiva. Encontrándose un equilibrio aún más fructífero, que llamaremos de *solidaridad interesada*, que se logra cuando se está dispuesto en la negociación a asumir transferencias entre los miembros, que compensen los desequilibrios del libre reparto de los beneficios de la colaboración. Una restricción de la solidaridad interesada es que, para que sea realizable con eficacia, han de ser pocos los miembros de la comunidad comunicativa que aspirán a optimizar el bien común. (*Véase un ejemplo cuantitativo en el anexo C).*

Ahora que, gracias al cine, John Nash ha estado de moda y su teoría de la decisión cooperativa cuenta con una imagen gráfica y fácilmente inteligible por cualquiera que haya visto la película "Una mente Maravillosa". La película ofrece un buen ejemplo para aclarar al público la auténtica razón para contar con una Unión Europea: *Todos podemos salir ganando.* El equilibrio Nash dice que si hay una serie de estrategias con la propiedad de que ningún jugador puede beneficiarse por el hecho de cambiar su estrategia mientras los otros jugadores mantengan las suyas, ese juego de estrategias constituye un equilibrio de tipo Nash. Pero ocurre, que si los jugadores consideran la situación conjuntamente, podrían encontrar estrategias consensuadas que, en un juego de suma no-cero, es decir, en un juego en el que lo que un jugador gana no es necesariamente a expensas de los otros jugadores, se pueden alcanzar equilibrios más rentables para todos.

En circunstancias de cambio, es más fácil de obtener un equilibrio negociado óptimo, de tipo Nash, en un sistema de negociación permanente, institucionalizado. Si en lugar de chicas, la película hubiese presentado un ejemplo con tartas, se había visto más fácilmente la solución de que un estudiante se hubiese quedado con la tarta más grande sin pelea, con la condición de haber acordado previamente dar algunos trozos de ella a los compañeros que se hubiesen quedado con las tartas más pequeñas. Quedarse en un equilibrio Nash negociado, sin la posibilidad de efectuar transferencias compensatorias, supone, como muestra la película, despreciar la tarta más grande, haciendo imposible que pueda ser alcanzando un equilibrio óptimo de *solidaridad interesada (Anexo C).*

También existe una forma de hacer las cosas aún mejor; pues, una vez conseguido el resultado máximo para el conjunto, cabría repartir los frutos de la globalización con un criterio de justicia en vez de mantener también en el reparto un mero criterio de utilidad, pero ello nos saca de la economía para llevarnos al terreno de la ética donde habría que considerar otros valores de difícil cuantificación. Sin embargo, hemos de tener presente que lo dicho hasta aquí no se limita al campo económico, las matrices de ganancias debieran incluir aspectos de otra naturaleza además de los económicos, como la seguridad, la cultura, la educación, la salud, la calidad ambiental y otros valores al evaluar la calidad de sus beneficios. Se pueden establecer índices, como los utilizados en los balances sociales, como indicadores de las mejoras extra-económicas logradas mediante la unión.

La vida proporciona con frecuencia situaciones en las que se podrían producir equilibrios Nash negociados, en los que todos podemos ganar, frente a situaciones de equilibrio von Newmann de suma cero y muy por encima del equilibrio de Adam Smith que es un equilibrio de mínimos. La Unión Europea proporciona oportunidades de activar sinergias potenciales mediante la institucionalización de un estado de negociación e intercambio de información permanente entre sus miembros. Una organización en red permite multiplicar los foros de negociación y el flujo de información, a la vez que se minimiza la acumulación de poder en los centros de decisión, al multiplicarlos y distribuirlos.

Hay otras razones puramente económicas, como el tamaño mínimo que ha de tener un mercado para hacer rentable la utilización de determinadas tecnologías o sistemas de producción masiva o disminuir el impacto negativo del proceso de saturación de los mercados, que aconsejan la consolidación de esos mercados en un mercado común para aprovechar las economías de escala y ampliar el número y calidad de las fuentes de financiación a las que se puede acceder o la mayor estabilidad monetaria que se puede lograr con una masa monetaria mayor. *Después de la paz, la principal razón para constituir una Unión Europea es poder acometer proyectos que no se podrían plantear los estados miembros por separado.* Ahí tenemos los casos del Arian, el Airbus, el eurofighter, el euro o el proyecto Galileo.

La configuración de un nosotros reforzado, día a día, mediante el diálogo, permite la puesta en común de las necesidades y facilita la búsqueda en común de soluciones a los problemas comunes, así como la posibilidad de acometer proyectos que serían inviables estando desunidos y la puesta en común de recursos capaces de crear sinergias.

Para hacer posible ese conocimiento mutuo, necesario para poder asumir los deseos de los demás, *conviene reducir el número de actores*, lo cual se puede lograr estructurando la red de relaciones en varios planos, de manera que los problemas locales se resuelvan localmente, los continentales a nivel continental y los mundiales a nivel mundial. Si los datos de las matrices de partida son, a su vez, los resultados de otros grupos, también los diferentes grupos debieran contribuir a buscar equilibrios de solidaridad interesada que optimicen la situación de partida a niveles superiores e intercambien información con los otros niveles, pues podrían estar intentando optimizar una situación a un nivel cuyos resultados no son los óptimos si los consideramos al nivel superior. Por consiguiente, los diferentes centros de decisión (locales, regionales, nacionales, comunitarios e internacionales) debieran compartir información y colaborar en la búsqueda del óptimo general, lo cual supone un trabajo en red.

El gran tema de fondo es el modo en que deben estructurarse las relaciones internacionales en un mundo globalizado. El éxito no reside tanto en las posiciones de poder, cuanto en la capacidad de persuadir y movilizar mediante la información y la argumentación razonada en busca de beneficios mutuos. Europa debe desarrollar su capacidad negociadora y mediadora tanto interna como externamente, potenciando un liderazgo moral frente a las ambiciones de liderazgo militar y los argumentos de fuerza. Potenciando la *autoritas* frente a la *potestas*.

Las conclusiones son claras:

- La acción comunicativa ofrece notables ventajas sobre la acción independiente y sobre la acción de dominio al permitir alcanzar equilibrios de *solidaridad interesada* con los que todos salimos ganando.
- La acción comunicativa, especialmente la aciión parlamentaia, deben estar fundadas sobre el principio de Burke[78] sobre el bien común, para obtener los resultados deseables.
- Los que añoran y reclaman que Europa regrese a una zona de libre cambio ven el mundo a través de los ojos de Adam Smith, aspirándo a encontrar soluciones von Newmann, no han entendido las posibilidades de un equilibrio Nash negociado, ni que el equilibrio von Newman sólo es aconsejable en situaciones de suma cero y que Adan Smith se impone cuando el número de actores es tan elevado que el diálogo múltipolar resulta imposible.
- Los que aceptan la colaboración, pero se resisten a la existencia de pagos compensatorios han entendido las ventajas de un equilibrio Nash negociado, pero ignoran las ventajas adicionales para el conjunto y los miembros de alcanzar el equilibrio que proporciona una solidaridad interesada que permita redistribuciones estructurales mediante transferencias negociadas que compensen los desequilibrios.
- Los niveles de decisión inferiores: locales, regionales y nacionales, debieran intercambiar información y trabajar en red entre sí y con el nivel superior.

[78] Burke: Los parlamentarios no deben defender a ultranza unos intereses particulares, sino buscar en conjunto el interés colectivo.

- Conviene conservar las estructuras nacionales, propiciando tanto la regionalización como la descentralización a nivel local de las administraciones regionales, según el principio de subsidiariedad.
- Debiera propiciarse una organización mundial para institucionalizar el diálogo y la colaboración a nivel global entre un reducido número de uniones regionales.
- Las pequeñas naciones europeas debieran de intentar agruparse en uniones regionales, con ello se lograría reducir el número de actores a nivel continental y contrapesar el poder de las naciones mayores por agrupaciones de las pequeñas, dificultando la creación de concertaciones de dominio por parte de los más poderosos. Por ejemplo, potenciar al Benelux o potenciar una confederación escandinava, recomponer una Confederación Yugoslava *inter pares*, sin predominio de ninguna nacionalidad[79], crear una union ibérica etc. Para facilitar las relaciones dentro de la Unión Europea y agilizar sus estructuras fomentando la agrupación de países que la integran, bastaría con exigir un número mínimo de población para tener un puesto en el Consejo.
- La razón para contar con una Unión Europea es encontrar, mediante la cooperación, mejores formas de afrontar las necesidades de todos sus miembros. La solidaridad interesada muestra que el diálogo es la mejor solución también a nivel global.

Razones económicas.

La puesta en común de las producciones de carbón y de acero garantizará inmediatamente la creación de bases comunes de desarrollo económico, primera etapa de la federación europea, y cambiará el destino de esas regiones, que durante tanto tiempo se han dedicado a la fabricación de armas, de las que ellas mismas han sido las primeras víctimas.

Declaración Schuman, 9 de mayo 1950.

[79] La antigua Yugoslavia posiblemente se rompiese porque Servia ejercía la acción de dominio sobre el resto. Una unión voluntaria, concertada entre todos en base a la acción comunicativa hubiese resistido el impacto de la muerte de Tito.

Hay razones pragmáticas, criterios de utilidad, que justifican la Unión. Además de las conocidas ventajas de lograr una paz permanente en el continente, aunar esfuerzos y tener más peso en el mundo, hay que añadir el beneficio de potenciar la defensa y seguridad común y de aprovechar las ventajas de las economías de escala en las tareas de producción y distribución, existen restricciones a la innovación que la Unión puede eliminar. La introducción de una tecnología nueva depende de la rentabilidad de aplicar los nuevos procedimientos, la cual es función de la inversión, del volumen de producción y, en último término, de la amplitud del mercado que utiliza la nueva tecnología. Una nueva tecnología exige con frecuencia no sólo modificar los sistemas productivos, sino formar y acostumbrar a los usuarios y crear nuevas redes de distribución, de industrias auxiliares, centros de formación y servicios de mantenimiento.

Dado que las nuevas tecnologías suponen una fuerte inversión fija que se amortiza mediante reducciones de los costes unitarios de producción, se ve que, para fomentar una revolución técnica, se requiere una elevada inversión y un alto volumen de producción, lo cual supone que haya que ampliar mercados antes de poder introducir determinadas innovaciones. Ello explica que el escaso tamaño sea una de las posibles causas por las que pequeñas empresas o algunos países subdesarrollados, con un mercado pequeño, encuentren dificultades para abandonar sus tecnologías tradicionales. Mientras que para un volumen bajo no es rentable el cambio de tecnología tradicional a otra más sofisticada, para un volumen mayor si lo sería, ya que mientras producir pequeñas cantidades es más caro con la nueva tecnología, por los elevados gastos fijos que ello supone, producir grandes series es más económico con la nueva tecnología que con la tradicional por reducción de los costes unitarios de toda producción en masa. Otra razón es que hay campos de investigación que requieren grandes inversiones que sólo están al alcance de potentes economías.

Para que una innovación técnica tenga un impacto positivo en la productividad deberá tener lugar en un mercado lo suficientemente amplio como para que pueda absorber el incremento de producción correspondiente y disponga de los capitales necesarios para su investigación, desarrollo e implantación. Ampliar mercados potencia el desarrollo tecnológico. Hay, por tanto, buenas razones económicas para crear una comunidad de países que integren sus mercados en un mercado común y coordinen sus economías: permitir la aplicación de sistemas de producción masiva, más económicos, y facilitar la innovación, sobre todo cuando las inversiones necesarias son elevadas.

Todavía siguen vigentes las ideas de Adam Smith, en cuanto a que la clave del desarrollo está en la especialización. La especialización no solo reduce los costes de producción, sino que facilita la innovación, lo cual repercute en el desarrollo, pero no es posible la especialización sin un tamaño mínimo del mercado que la permita, mejorando con el crecimiento del mercado. Además, es fundamental que el mercado sea flexible, que esté estandarizado y exista modularidad, de manera que a cada tuerca le correspondan más de un tornillo y que se puedan ensamblar unos elementos (módulos) sobre otros, aunque hayan sido producidos por fabricantes distintos e incluso alejados, especializados en sus respectivos campos de actividad. Cuanto mayor sea el mercado y más integrado esté, mayor será la especialización y más altas la productividad y el desarrollo. La especialización exige estandarización y normalización.

Para que la Unión Europea aproveche las oportunidades de desarrollo que le brinda su integración económica, debiera potenciar la investigación y desarrollo de nuevos niveles tecnológicos, apoyando a los líderes innovadores y a los investigadores, ya que la innovación es la que permite mantener desarrollos sostenidos. En la actualidad, a la luz de las conclusiones del libro verde de la energía[80], habría que dar prioridad la investigación y al desarrollo de la generación de energía por fusión y a la disminución y tratamiento de residuos de fisión, así como a la aplicación de la superconductividad a las redes de alta tensión y a los transformadores[81]. Es decir, ver la forma de reducir no sólo los costes de producción energética, sino la forma de reducir los costres de distribución de la energía.

---

[80] El libro verde de la energía, elaborado por la comisión, denuncia el déficit energético de Europa. http://europa.eu.int/comm/energy_transport/doc-principal/pubfinal_fr.pdf

[81] Si la superconductividad permite transportar altas intensidades a bajos voltajes, la mayoría de los transformadores podrían ser eliminados.

¿Para qué una Unión Europea?

Objetivos de la Unión:

1.- La finalidad de la Unión es promover la paz, sus valores y el bienestar de sus pueblos.
2.- La Unión ofrecerá a sus ciudadanos un espacio de libertad, seguridad y justicia sin fronteras interiores.
3.- La Unión obrará en pro de una Europa caracterizada por el desarrollo sostenible basado en un crecimiento económico equilibrado.
4.- En sus relaciones con el resto del mundo, la Unión afirmará y promoverá sus valores e intereses. Contribuirá a la paz, la seguridad, el desarrollo sostenible del planeta, la solidaridad y el respeto mutuo de los pueblos.

Artículo 3 de la propuesta de constitución por la convención

Un proyecto común

Europa es la solución, decía Ortega. Se refería a su análisis de España como problema, pero Europa es respuesta para cada estado miembro al afrontar su futuro en un mundo globalizado. Europa es la respuesta a la pregunta que los europeos se hacen sobre sí mismos, es la interpretación de lo que colectivamente son, la determinación de su propia identidad colectiva en un mundo globalizado, respuesta que se presenta como *un proyecto común* en el mundo y ante el mundo.

Toda pregunta por "el qué" de algo se puede disolver en una pregunta por "el para qué" de ese algo. Ya hemos visto que el primer "para qué" de la Unión es la paz, pero la Unión también tiene otros fines, que contribuyen a perfilar su misión. La misión de Europa tiene dos vertientes, una interior y otra exterior. El "para qué" de un ente es su forma de ser como "ser para". El "ser para" es una forma de "ser útil". Es la forma disponible y funcional de ser. Pero el ser de Europa es un modo de ser colectivo de quienes "propiamente son": los europeos, pues ya hemos visto que Europa es un ser simbólico y social. El "en sí" de Europa está en sus ciudadanos, es un "en ellos". El "ser para" de Europa es la forma colectiva de ser de los seres que la integran, un "para que sean lo que quieren ser quienes realmente son". Europa somos los europeos, en tanto es nuestra forma de convivir en un mundo globalizado mediante *un afán colectivo* que se concreta en una misión común. La identidad de un colectivo humano está determinada por los objetivos comunes de sus miembros.

Misión de la Unión Europea

> *... no somos un estado ni una nación ni un imperio, sino todo un mundo, consistente en muchas naciones, de muchos estados y toda suerte de comunidades bajo una misma bandera.*
>
> General Smuts, Discurso al Parlamento tras la Imperial Conference de 1917

Si lo que se es, la identidad existencial, la única identidad a la que pueden aspirar los colectivos como Europa, se determina por lo que se va haciendo, definir lo que se quiere ser es trazar un conjunto coherente de propósitos de acción: se trata de definir una *misión*. La unidad de los grupos humanos, con independencia del talante y naturaleza de cada grupo, podría estar potenciado por un origen común, pero el único fundamento que hace que un grupo sea viable en el futuro lo constituye *un proyecto común*. No en balde, como enseña Julián Marías, el hombre es *futurizo*[82]. Es por ello que pueblos hermanos se quiebran en ausencia de un proyecto común (no hay más que echar un vistazo al mapa sudamericano tras desaparecer Bolívar y San Martín); a la par que pueblos dispares fundan imperios, ahí tenemos a los EE.UU. y al imperio otomano.

Definir a la Unión Europea es determinar su misión, la cual debiera estar especificada en su constitución. La misión de todo colectivo tiene dos facetas: una interna y otra externa, debiendo ser ambas coherentes y complementarias. *La misión interior*, tal y como se definía en los tratados

[82] Todo lo que el hombre hace, decía D. Julián, lo hace en función de un futuro que gravita en cada presente. Lo estuvimos comentando en detalle un día yendo a Chinchón.

y recoge la constitución, es lograr una unión, cada vez más estrecha, entre los europeos, en un ámbito de libertad, seguridad y justicia para constituir un futuro común. Potenciando la acción comunicativa, añadimos, y asegurando la paz y la prosperidad en el continente. *La misión exterior* debiera ser el contribuir a la paz mundial mediante su aportación y ejemplo para institucionalizar la acción comunicativa en las relaciones internacionales. Europa debiera colaborar y estimular la creación de otras uniones de países, a imagen y semejanza de la UE.

Corresponde a la Unión Europea exportar su modelo a otras regiones del globo, de manera que se constituyan diversas uniones regionales en todos los continentes, creando una red de bloques semejantes, capaces de lograr una serie de instituciones afines que permitan trabajar en conjunto en aras de una ordenación mundial, entre iguales, sin violencia, mediante un proceso negociador continuo y un diálogo institucionalizado, que asegurase la progresiva extensión de la comunidad comunicativa en el mundo.

La misión de Europa es desarrollar, ensayar, consolidar y promocionar un modelo de convivencia multinacional que haga del mundo un espacio de libertad, seguridad y justicia para todos, basado en la acción comunicativa.

Europa ofrece un modelo de unión que podría ser imitado en la búsqueda de una coexistencia global.

El reto de la Unión Europea es ser capaz de alcanzar la *unidad en la diversidad,* manteniendo esa diversidad y fortificando la unidad. Para desarrollar la reflexión de ese tema podríamos continuar la línea de pensamiento renacentista sobre el "cuerpo místico" o, mejor, acudir a la Teología Trinitaria, profundizando en el "pluribus in unum". Quizás las naciones europeas no sean sino hipóstasis diversas de una naturaleza común llamada Europa. Dejemos a los teólogos la posibilidad de analizar las implicaciones que esta idea pudiera tener para la concepción de la Unión Europea. Sin embargo, un punto está claro, la línea del pensamiento trinitario sobre la unión en la diversidad, lleva a la conclusión de que, como ya lo fuera en la unión entre los romanos y los sabinos, la clave de toda unión profunda y fecunda es el amor mutuo.

El objetivo es crear los cauces para la universalización del ideal encarnado por la Unión Europea, sin caer en la tentación del expansionismo ilimitado, evitando el peligroso juego de los equilibrios de poder entre bloques y evitando el riesgo de sufrir choques Huntingtonianos[83], tanto ideológicos y culturales como económicos o bélicos. Evitar las relaciones de dominio, que inevitablemente conducen a la confrontación, promoviendo acciones comunicativas entre bloques que lleven, por medio del diálogo sincero y constructivo, a acuerdos de cooperación. Europa debiera dedicar recursos para ayudar con asesoramiento, experiencia, tecnología y fondos a la implantación e institucionalización de otras uniones regionales a imagen de ella.

[83] Samuel P. Huntington. El choque de civilizaciones, Paidos, Barcelona 1997.

La creación de un Estado Europeo

Si estamos convencidos de la conveniencia de la colaboración entre los pueblos europeos mediante la institucionalización de una comunidad comunicativa, debemos de analizar el sistema para institucionalizar dicha comunidad. Una opción sería constituir un nuevo estado supranacional, pero ¿interesa un estado europeo? ¿Qué es un estado?

Concepción del Estado

> *Si es difícil comprender la naturaleza, es infinitamente más difícil entender el estado.*
>
> Hegel, Filosofía del derecho. p. 285.

***Antecedentes*:**
Se han ido sucediendo una serie de teorías del Estado que podríamos sintetizar en cuatro posturas:

-*La teoría orgánica del estado.* Gierke[84] supone una hipóstasis colectiva de la realidad social. El Estado sería un organismo colectivo con cuerpo y alma. Para Hold Ferneck[85] el Estado es un superhombre.

-*El estado como estructura social.* Para Smend[86], el Estado es un proceso de integración social, personal, funcional y material que implica una comunión de sentimientos y valores, un espíritu común. El proceso integrador es irracional y espontáneo. La realidad primera es la realidad social.

-*La concepción normativa.* La Escuela de Viena asume al Estado como una formación espiritual, un entramado de orden y sentido, un sistema normativo y valorativo de supuestos de la conducta humana que forman el contenido de un ordenamiento jurídico[87].

[84] Gierke, Das Wesen der menschlichen Verbämde, 1902.
[85] Alexander Hold Ferneck, Der Staat als Übermensch, 1926.
[86] Smend, Staattsrechtliche Abhandlungen , Dunker & Humblot, Berlin, 1968.
[87] Hans Kelsen, El Estado como integración, Tecnos, Madrid 1997. pp. 43 y 44.

-*El modelo dual.* Jellinek[88] afirmaba que el Estado tiene una cara social-real y otra jurídico-ideal.

En todos los supuestos queda abierto el problema de cómo se integran lo espiritual y lo físico, *la realidad espiritual* de un conjunto normativo con una ordenación de fines a medios y *la realidad física* de una estructura social de causas y efectos. Recordemos que para Hegel el estado era la objetivación del espíritu subjetivo.

El Estado como Sistema.

El Estado es un ordenamiento público de medios a fines constituido por un conjunto imperativo de normas y funciones que integran *un sistema* social de convivencia con entidad jurídica y reconocimiento internacional. El Estado, tal y como defiende la Escuela Vienesa, sería una realidad espiritual. ¿Cómo se reconcilia esta realidad espiritual con la realidad social? ¿Cómo se correlaciona una estructura consecuencial y tautológica con una realidad causal? ¿Cómo se acoplan la realidad atemporal con la temporalidad? La solución la encontramos en la analogía que existe entre nuestro problema y la práctica de la informática: El ordenamiento de carácter espiritual se incardina socialmente mediante una *instalación* que en el caso del Estado constituye una *instauración.* De forma análoga a como el sistema operativo se instala en el ordenador, modificando *el estado* de la memoria del equipo y regulando su forma de operar, *el Estado es el sistema operativo de la sociedad* y se instaura en la sociedad alterando *el estado* institucional y legal de dicha sociedad.

Requisitos operativos.

Al ser el Estado el sistema operativo del sistema social, el ciudadano espera, como usuario, lo que cualquier usuario espera de un sistema operativo. En primer lugar, el Estado ha de ser *operativo*, realizando las funciones que se espera realice y no otras. *Funcional*, de forma que realice eficazmente todas las funciones que debe realizar. *Fiable*, de manera que no cometa fallos. *Predecible*, dando como resultado de sus funciones las salidas correspondientes a las entradas proporcionadas.

[88] Jellinek, citado por H. Kelsen, o.c. ; p. 27.

Integrador, permitiendo trabajar de forma integrada las diferentes estructuras sociales que, como subsistemas, integren el sistema. De uso *amistoso*, siendo fácil de utilizar, con claras interfaces para los usuarios, con procedimientos inteligibles y sencillos. Con acceso *distribuido*, de manera que pueda accederse al conjunto del sistema desde cualquier terminal de trabajo (ventanilla al público) sin necesidad de realizar múltiples desplazamientos para cualquier gestión. *Consistente*, con pocos cambios en sus interfaces con el usuario, aunque internamente cambiasen la forma de ejecutar sus funciones. *Rápido*, de manera que las diferentes rutinas de proceso se ejecuten con rapidez y den una respuesta rápida. *Inocuo*, a fin de que no pueda dañar ninguno de los componentes sociales sobre los que actúa. Con *un sistema antivirus*, capaz de detectar y eliminar cualquier *intento de corrupción* del propio sistema. *Fácil de instalar*. Con un manual operativo claro y sencillo, de manera que el derecho administrativo sea *inteligible* por los ciudadanos y no sólo por expertos.

La configuración física

La planificación de la instalación comienza con el diseño de la arquitectura orgánica. Las diferentes instituciones han de estar ordenadas a los fines perseguidos, siendo complementarias, coherentes e integradas. Cada institución deberá tener claramente definidas sus competencias. Cuando se tengan competencias compartidas por varias instituciones se debe instrumentar un criterio de demarcación y un mecanismo de coordinación.

La arquitectura orgánica debiera ser austera, funcional, flexible, eficaz y eficiente, debiendo contar con los medios necesarios para el desarrollo de sus competencias y disponer de controles externos que puedan evaluar la calidad y eficacia mostrada en el desarrollo de sus funciones, junto con la eficiencia en el empleo de los medios. Los principios de subsidiariedad y proporcionalidad deben orientar la decisión sobre el grado de centralización o descentralización de cada función por razones de eficacia y coste.

Al determinar los medios que serán puestos a disposición del Estado, estos habrán de ser adecuados a los fines propuestos. El cuerpo social ha de estar preparado para recibir la instauración del Estado, su trama de relaciones sociales ha de tener la suficiente consistencia para poder asumir la carga institucional y normativa. Tras la instauración, el auténtico vínculo entre los ciudadanos es jurídico: el título de ciudadanía que proporciona derechos y obligaciones iguales para todos, generando una seguridad jurídica compartida y un rasgo de identidad común. Como señaló Cassirer[89], el hombre es un animal simbólico, no deben descartarse el ceremonial y los símbolos para escenificar esa unidad jurídica. Recordemos aquí la frase del Presidente Roosevelt con ocasión de la conferencia de El Cairo durante la segunda gran guerra: "*La historia requiere teatro*".

Un mismo sistema estatal podría ser instaurado en diversas sociedades siempre y cuando estas fuesen compatibles con el sistema: *portabilidad*[90]. Muchos estados americanos utilizan constituciones muy similares y la constitución turca se inspiró en la suiza. El sistema republicano francés fue exportado a múltiples países, pero no siempre era compatible con las realidades sociales del país receptor, fracasando la instauración. La futura constitución europea, con alguna modificación, podría ser aplicable en otras regiones del globo.

Instauración y mantenimiento del sistema

Tras el arranque, el sistema debiera contar con un organismo capaz de corregir con rapidez y legitimidad los aspectos que proceda mejorar. Si se crease un Senado, con representación de los estados nacionales y capacidad legislativa, éste podría concebirse con las competencias de una IGC permanente, que pudiese realizar ajustes en el sistema. La constitución prevé un sistema de enmiendas en el Artículo IV-443. Por consiguiente, la creación de un estado europeo no implica la disolución de los estados nacionales, sino su armonización operativa (legal) para constituir un sistema integrado eficaz. ¿Qué tipo de Estado?

---

[89] Cassirer, Antropología filosófica. Fondo de Cultura Económica. Mexico 1944.

[90] Por ejemplo, la revolución constitucional de 1906 en Irán no instala la república.

Un estado en red[91]

Al ser la Unión Europea una organización sin precedentes históricos, su estructura no puede estar condicionada por conceptos de teorías políticas superadas. Una sociedad estructurada en red, sobre la base de disponer de una infraestructura tecnológica que permite compatibilizar la movilidad con la accesibilidad, reclama y permite la estructuración del Estado y de sus instituciones también en red.

La institucionalización de ese nosotros transnacional que es la Unión Europea lleva a considerar una estructura en red con múltiples núcleos de diálogo institucionalizado y de decisión comunitaria comunicados entre ellos, distribuidos en diferentes niveles, y con responsabilidades compartidas o complementarias. Una estructura que facilite la comunicación y la toma de decisiones, frente a las viejas estructuras jerárquicas orientadas a facilitar el ejercicio del poder y en las que la información fluye en un solo sentido y las órdenes en el contrario.

La estructura que se propone permite:

- Prescindir de la polémica entre Estado Federal v. Estado Confederado como conceptos superados.
- Avanzar en la estructuración, unión y cohesión europeas partiendo de la situación estatal actual, potenciándola.
- Dar representación directa a las Regiones en las instituciones europeas sin que los Estados Nacionales dejen de mantener el liderazgo en el proceso de integración y el gobierno de la Unión, ni de tener que complicar sobremanera la estructura y toma de decisiones a riesgo de perder la gobernabilidad.
- Lograr mayor grado de representación, cercanía al ciudadano y transparencia en las instituciones.
- Favorecer el ejercicio de responsabilidades compartidas entre diferentes instituciones.
- Potenciar la actuación de Europa como un todo único, sin merma de la identidad de las partes, tanto a nivel nacional como regional.

[91] Ponencia remitida a la Convención en enero del 2002.

- Facilitar la comunicación y colaboración entre las diferentes instituciones, en la toma de decisiones sobre responsabilidades compartidas.
- Contar con los ciudadanos como columna estructural del sistema.
- Proporcionar múltiples canales de participación tanto a las instituciones como a los ciudadanos.

El debate entre Estado federal v. Estado confederado es un debate que se plantea como consecuencia de un reparto de poder entre las instituciones nacionales y las instituciones centrales. La Unión Europea no es resultado de un ejercicio de poder entre los diferentes Estados, sino de un esfuerzo de comunicación y puesta en común. Por consiguiente, la estructura del Estado Europeo debe ser una estructura que responda a las necesidades de comunicación entre sus miembros y la eficacia del conjunto y no tanto el producto de un juego de repartos de poder.

Las estructuras jerárquicas favorecen la concentración del poder y su ejercicio. La estructura en red favorece la relación y la comunicación. Los aspectos relacionales han de apoyarse en elementos estructurales en los que las relaciones de poder se puedan ejerce sin violencia, debiendo estar sometidas a un criterio arbitral. La estructura reticular fragmenta la estructura de poder en una pluralidad de nudos o centros de poder y foros de decisión, cuya diversidad elimina la concentración y establece equilibrios de responsabilidades que permitan establecer garantías mutuas en el desempeño de las competencias respectivas. Una comunidad comunicativa no debe estar estructurada piramidalmente para ejercer la acción de dominio, sino reticularmente para facilitar la comunicación y el dialogo necesarios para la acción comunicativa a lo largo y ancho de la red. Pero esa saludable dispersión, de no estar perfectamente regulada, puede generar confrontaciones por compartir funciones. A fin de evitar el solapamiento de competencias y resolver las confrontaciones habría que contar con una clara definición del principio de subsiedariedad, disponer *a priori* de un claro catálogo de competencias, que no debiera de estar cerrado, establecer una jerarquía entre los diferentes nudos con responsabilidades compartidas y, sobre todo ello, atribuir a un poder judicial unificado el poder supremo para resolver cuantas dudas puedan plantearse en la práctica sobre el reparto de competencias. Como consecuencia, mientras los poderes legislativos y ejecutivos se distribuyen a lo largo de la red entre diferentes nudos especializados, el poder judicial se mantiene jerarquizado, con el poder supremo concentrado en un único punto, al margen de la red legislativo-ejecutiva y por encima de ella. La soberanía delegada por los pueblos a sus gobiernos es puesta en común por los Estados y pasa a ser un atributo compartido por múltiples instituciones y sujeta a la ley.

El nuevo paradigma se basa en potenciar la acción comunicativa frente al ejercicio de la acción de dominio. Pretender seguir aplicando los principios de la acción de dominio y las relaciones de fuerza a las personas (o grupos de personas: países, regiones, y demás colectivos) como si fuesen cosas es pretender seguir negando la calidad de persona a los seres humanos. El recurso a la violencia entre humanos descalifica como persona. Lo humano es recurrir a la reflexión en común, la argumentación y el diálogo constructivo. Las armas dejan de ser la metralla y la pólvora para pasar a ser la palabra y los razonamientos. El éxito de la Unión Europea es el triunfo del diálogo sobre la violencia en las relaciones entre los países miembros. Cuando se puede llegar a hablar entre estados soberanos hasta sobre el Ulster o Gibraltar, se puede hablar sobre cualquier cosa. Se trata de potenciar la fuerza de la razón frente a la razón de la fuerza, de propiciar el poder de convicción frente al poder de imposición, de primar la información de muchos sobre la opinión de unos pocos.

La estructura debe permitir que, cuando una institución esté considerando cualquier tema, toda otra institución o individuo, que tenga información, opinión o sugerencia relevante sobre ese tema, cuente con los cauces necesarios para hacerla llegar al órgano deliberante. El fomento de la participación constructiva y dialogante, en busca del mejor argumento en cada caso, venga de donde venga, debe orientar la organización y la gestión del Estado. Las nuevas tecnologías de la comunicación permiten establecer densas redes de interconexión. Así como el monopolio no consiste en que haya empresas grandes, sino en impedir que puedan entrar en el negocio monopolizado nuevas empresas, la democracia no consiste en tener grandes instituciones deliberantes encerradas en sí mismas, cosificadas, sino en abrir cauces de comunicación externa para permitir que quien tenga algo relevante que decir, institución o persona, pueda ser oído. El equilibrio de funciones y responsabilidades entre las diferentes instituciones deberá fomentar su intercomunicabilidad, complementariedad, colaboración y control mutuo.

Terminemos por defender que los términos Federación, Confederación y Estado no son aplicables a la Unión Europea que es una Comunidad Comunicativa que jurídicamente adopta la forma de Unión de Estados. Cuando se ha venido utilizando la palabra Estado en los párrafos anteriores aplicado a la Unión, debe interpretarse como "su forma de estar en el mundo" como entidad jurídica de carácter internacional y no en el sentido de constituir un país soberano, pues se trata de una unión de paises.

Otra observación, dado que aún no ha sido ratificado y nos encontramos todavía en un periodo de reflexión sobre la constitución, algunas de las sugerencias expresadas a continuación discrepan del texto actual del Tratado Constitucional. Aunque las sugerencias propuestas no lleguen a ser recogidas nunca en el texto constitucional definitivo, pueden ser de interés como tema de reflexión a quienes se planteen crear otras uniones regionales en otras partes del mundo. Las anteriores consideraciones generales sobre una estructura en red, se concretan en las sugerencias siguientes sobre las instituciones europeas:

El Consejo Europeo. Compuesto por los Jefes de Estado o de Gobierno como se recoge en el Artículo I-21 de la constitución. Es competencia del Consejo Europeo elaborar la estrategia última de la Unión. El Presidente del Consejo Europeo, sería elegido por los miembros del Consejo Europeo por mayoría de dos tercios y teniendo cada miembro un solo voto, para el nombramiento del Presidente. El nombramiento sería por dos años y medio prorrogables por un máximo de otro periodo de otros dos años y medio más. Los primeros seis meses se dedicaría a establecer un plan bianual que sería sometido al Consejo Europeo y desarrollado en los dos años siguientes.

La Comisión. La comisión debe ser independiente de los estados, por lo que la nacionalidad de sus miembros no debiera de ser relevante. A ningún ciudadano le importa en que pueblos nacieron sus ministros, lo que interesa es su competencia y honestidad. La Unión Europea es una Unión de Estados y Ciudadanos. Los ciudadanos están representados en el Parlamento, los estados en el Consejo y la Comisión representa a la Unión.

La Comisión, a fin de optimizar su eficiencia, coordinación y cohesión, debiera reducir el número de sus miembros al entorno de doce, como la reflexión teórica aconseja y el conocimiento polular recomienda[92], eliminando toda restricción de cuotas por nacionalidad, aunque se podría considerar establecer la rotación entre nacionalidades prevista por la constitución, pero lo mejor sería prescindir de toda referencia a la nacionalidad de los comisionados. Los Estados ya están representados en el Consejo y es más importante la identificación de la Comisión con el conjunto de la Unión, haciendo honor al artículo 213 (antiguo 157), punto 2, del TCE. Pretender nacionalizar la Comisión es una prepotencia de los estados que desvirtúa el espíritu y función de la Comisión. Si el hombre es un ser simbólico, la Comisión ha de ser el símbolo de la unidad y el valor de un símbolo está en función de su simplicidad, universalidad y pureza. A fin de conseguir variedad de nacionalidades entre los comisionados[93], El Artículo I-26, 6 de la Constitución establece un sistema de rotación entre los Estados miembros, dejando libertad al Presidente de la Comisión a elegir al equipo ejecutivo por su capacidad y competencia, pero la cifra del número de comisionados como el de dos tercios del número de estados será excesiva cuando la Unión pase de treinta miembros y debería fijarse en un máximo de 15 comisionados como mucho (mejor dejarlo en 12) con independencia del número de Estados que integren la Unión.

El Presidente de la Comisión debiera ser designado, como se acordó en Niza, por el parlamento Europeo. La constitución ratifica que sea el Parlamento quien elija al Presidente entre los candidatos presentados por el Consejo. A fin de asegurar la identificación de los ciudadanos

[92] Como dijo Pastora Imperio, "hasta doce es una juerga, más es una romería" "Up to 12 it is a party, more it is a festival".

[93] A pesar de estar arraigada la palabra Comisario para designar a los miembros de la Comisión, es preferible utilizar en castellano el término de Comisionado. Se trata de una Comisión y no de una Comisaría.

con el cargo y aumentar la representatividad, no estaría de más que los candidatos estuviesen entre los cabezas de las listas que los diferentes partidos políticos presenten a las elecciones al Parlamento Europeo. A fin de mantener el consenso sobre el Presidente de la Comisión entre los diferentes Estados, con objeto de que el cargo pueda seguir considerándose como una institución común, los candidatos que pasen a la cabeza de las listas finales debieran recibir el visto bueno de la mayoría cualificada del Consejo, como pide la constitución, *ex ante*.

Los miembros de la Comisión debieran ser nombrados por el Presidente de la Comisión, con la aprobación de la mayoría cualificada del Consejo, (la Constitución, ahora, sólo aplica este procedimiento para el Ministro de Asuntos Exteriores) teniendo que ser ratificados sus nombramientos colegialmente por el Parlamento. La Comisión estará sujeta al voto de censura del Parlamento, quien tendrá en su mano la posibilidad de disolver la Comisión. Cada comisionado debiera ser responsable ante el presidente de la Comisión por su trabajo diario y su coordinación con los otros comisionados, y ante su formación del Consejo por el seguimiento de las directrices políticas que le han sido marcadas.

A fin de asegurar la comunicación entre los dos órganos con poder ejecutivo de la Unión y asegurar la coordinación entre las políticas nacionales y comunitaria, los miembros de la Comisión con carteras afines a las de las formaciones del Consejo, y no sólo el ministro de Asuntos Exteriores, debieran asumir el cargo de Secretarios Generales y portavoces de las respectivas formaciones del Consejo, estando al cargo de la política comunitaria en su campo de competencia. Uno de los comisionados estaría encargado de Administración, Documentación, Archivos y Servicios Internos de la Comisión, sin cargo alguno en el Consejo.

El Consejo. El Consejo actual tiene tres funciones: Legislativa, estratégica y ejecutiva. Para asegurar la total separación entre las funciones legislativa y ejecutiva, la ***función legislativa*** que ostenta el Consejo debiera pasar a una Segunda Cámara o Senado en el que, junto a los representantes de los Estados Nacionales, también sean miembros un representante por Región, con independencia de las atribuciones que puedan tener las diferentes Regiones dentro de cada pais en función de las respectivas Constituciones Nacionales. Desde el punto de vista europeo, las Regiones no serían necesariamente un territorio de autogobierno, función determinada por las Constituciones Nacionales, sino una circunscripción electoral del Senado Europeo, pudiendo haber regiones a caballo entre dos Estados nacionales, como podría ser el caso de un Tirol reunificado como circunscripción única o un posible País Vasco Hispano-Francés. Dado que el número de Regiones de cada Estado debieran guardar cierta proporcionalidad con su población, los votos en el Senado no estaría afectados a ningún tipo de proporcionalidad, resultando un senador un voto, si bien, cada estado debiera tener más de un representante en el Senado, el mismo número (pequeño) para todos los países, a los que se añadirían los senadores reginoales. La toma de decisiones en el Senado debiera ser por mayoría cualificada. La otra opción sería que el Senado reproduzca la composición del Consejo con la estructura de votos ponderados fijados en Niza en tanto no se ratifique la constitución, pero estaría integrado por diferentes personas que las del Consejo, a fin de garantizar la separación de poderes. Como consecuencia de establecer un Senado, el Comité de las Regiones, quedaría integrado y sustituido por el Senado.

Otra solución sería que, en los paises con gobiernos regionales, los senadores regionales sean nombrados por los gobiernos regionales, en vez de ser elegidos directamente por los ciudadanos; así como que quien nombre a los representantes nacionales en el Senado, sea el gobierno o el Parlamento Nacional respectivo, pudiéndose también establecer un reparto de los escaños entre ambas instituciones.

El Senado podría incluir entre sus funciones la de supervisar la aplicación práctica del principio de subsidiariedad por parte de los parlamentos nacionales, dado que éstos supervisarían la correcta aplicación de la subsidiariedad por parte de las instituciones comunitarias, asumir las funciones de la IGC para estudiar enmiendas a la Constitución y reformas a las leyes orgánicas, en función de las necesidades derivadas de las circunstancias tanto internas como internacionales.

La ***función estratégica*** estaría a cargo del Consejo Europeo, auxiliado por el Consejo Permanente. El Consejo será quien instrumente y desarrolle la estrategia fijada por el Consejo Europeo.

La ***función ejecutiva*** sería desempeñada por los Consejos de Ministros de cada ramo. Debiera haber, al menos, un Consejo de Ministros por cada uno de los antiguos tres pilares: Economía, Exteriores e Interior, pero sería aconsejable separar exterior de defensa y, aunque el número de formaciones del Consejo pueda ser alterada en cada legislatura, se plantea la posibilidad de un Consejo por cada una de las materias siguientes[94]: Defensa; Asuntos Exteriores; Seguridad y Justicia; Economía y Hacienda; Investigación, Energía y Desarrollo Industrial; Medio Ambiente; Alimentación y Sanidad; Educación, Cultura y Comunicación (Radio, cine, TV, prensa); Trabajo y Asuntos sociales; Infraestructuras, Comunicaciones y Telecomunicaciones y Asuntos Generales. Cada uno de esos Consejos, salvo el de Asuntos Generales, debiera tener por Secretario General al Miembro de la Comisión encargado de la cartera correspondiente, quien sería el portavoz único del Consejo en las materias de su competencia. El Alto Estado Mayor Europeo dependería del Consejo de Defensa, siendo el Comandante en Jefe del Ejército Europeo el presidente del Consejo Europeo. La separación entre Defensa y Asuntos Exteriores es coherente con la filosofía de potenciar la acción comunicativa frente a la acción de dominio ante el resto del mundo. La presidencia de las formaciones del Consejo debiera dejar de ser rotatoria, debiendo cada formación del Consejo elegir a su propio presidente entre sus miembros, por periodos de dos años, prorrogables por otros dos y asumir como Secretario General y Consejero Delegado al Comisionado correspondiente.

Con independencia de las formaciones del Consejo que se decidan en cada legislatura, el Consejo debiera contar siempre con un Consejo Permanente y de Asuntos Generales con una Secretaría General, independiente de la Comisión, con la función de estudiar y plantear la estratégica de la Unión, atender temas no incluidos en ninguno de los otros Consejos de Ministros y que actuaría como órgano permanente del Consejo Europeo, al servicio de su presidente. El Consejo debiera escuchar al Tribunal de Justicia y al Parlamento Europeo, debiendo los

[94] En el consejo de Sevilla se definieron como formaciones del consejo las siguientes: Economía y Finanzas; Asuntos Exteriores; Pacificación y Defensa; Interior y Justicia; Empleo y política social, salud y consumo; Competitividad e investigación; Transportes, telecomunicaciones y energía; Agricultura y pesca; Medio ambiente; Educación, juventud y cultura.

Consejeros, ser portavoces de sus respectivos Estados Nacionales, pero actuando dentro del Consejo según el principio de Burke.

El Consejo asumiría las decisiones políticas y dictaría las directrices ejecutivas de la Unión, mientras la Comisión, además de ser la guardiana de los tratados, realizaría la labor ejecutiva diaria y realizaría la ejecución y puesta en práctica de los acuerdos del Consejo. Cada formación del Consejo actuaría como un consejo de administración y cada Secretario de una formación del Consejo y Comisionado, como su consejero delegado. No debe asustar la doble dependencia de los Comisionados, son muchas las organizaciones matriciales, con doble dependencia: funcional y jerárquica, que funcionan eficazmente en el mundo. Los comisionados dependerían jerárquicamente del Presidente de la Comisión y funcionalmente, vía objetivos, de la formación del Consejo a la que reprentaran. Mientras que las sesiones del Senado y del Parlamento serían públicas; las sesiones de los dos poderes ejecutivos, Comisión y Consejo, serían a puerta cerrada por motivos de confidencialidad y seguridad. De decidir renunciar al Senado y que el Consejo mantenga sus funciones legislativas, sus sesiones en esta función debieran de ser públicas.

El Parlamento Europeo. Además de sus actuales funciones legislativas, denominaría al Presidente de la Comisión, ratificaría en sus cargos a los Miembros de la Comisión y tendría que aprobar el presupuesto de la Unión. Las diferentes comisiones de trabajo del Parlamento, podrían recabar información y opinión a las diferentes instituciones, incluidos los Parlamentos Nacionales y el Senado Europeo. Las comisiones de trabajo del Parlamento Europeo deberían corresponderse con las carteras de la Comisión y éstas a su vez con las formaciones del Consejo, pudiendo crear comisiones temporales especiales.

Los Parlamentos Nacionales. Al margen de sus competencias nacionales, como la de nombrar y controlar al Presidente de Gobierno respectivo, ratificar al Gobierno en sus cargos y controlar la labor del Gobierno Nacional, según los límites y condiciones que determine la Constitución Nacional de cada país; a nivel europeo, los Parlamentos Nacionales deberán controlar a los Miembros del Consejo representantes del país y al Presidente de su Gobierno como Miembro del Consejo Europeo, de acuerdo con las normas que defina el Tratado constitucional. Pudiendo remitir estudios y propuestas a las comisiones de trabajo del Parlamento Europeo sobre aquellos temas en debate a los que tengan algo relevante que aportar, y debiendo informar en plazo al PE cuando sean requeridos para hacerlo.

La Constitución determina además que sean los Parlamentos Nacionales quienes supervisen la aplicación del principio de solidaridad por parte de los organismos europeos, mediante un sistema de alerta temprana. Recíprocamente, correspondería al Senado Europeo y, en su ausencia, a la Comisión, el asegurar que ni los parlamentos nacionales ni los gobiernos estatales incumplen el principio de subsidiariedad en sus actuaciones, atribuyéndose funciones que fuesen competencia de instituciones europeas.

El Tribunal de Justicia. Además de juzgar sobre el cumplimiento de los tratados, corresponde al Tribunal de Justicia dilucidar las disputas de competencias y clarificar la aplicación del principio de subsidiaridad cuando surjan litigios. Es necesario contar con una *Corte de Mediación y Arbitraje* con predominio de la mediación, a fin de promover el acuerdo dialogado entre las partes en litigio en materia de subsidiariedad. Europa es, fundamentalmente, diálogo y negociación. Todo lo que potencie el diálogo y favorezca la negociación eficaz contribuirá a fortalecer Europa.

El principio de subsidiaridad

Un principio fundamental al definir las competencias de la Unión Europea es el principio de subsidiariedad. Al distribuir funciones entre los diferentes nudos de la red, es preciso contar con un criterio claro para delimitar las competencias. Dicho criterio se ha definido en la Constitución de la Unión Europea como Principio de Subsidiaridad. El grupo de trabajo de la Comisión sobre Subsidiariedad, presidido por Iñigo Mendez de Vigo, en su documento nº. 19 de 17 de septiembre de 2002, ha dejado clara la conveniencia de disponer de un control, *ex ante*, político y de otro control, *ex post*, jurídico de la subsidiariedad. Ambos controles debieran tener dos facetas: el control de que los organismos comunitarios no se atribuyan funciones que son de los estados y el control de que los estados no ejerzan funciones que hayan sido transferidas a las instituciones comunitarias. El grupo de trabajo define los mecanismos para el primero de ellos, pero elude toda referencia al segundo. Los mismos principios debieran regir dentro de los estados que tienen regiones con capacidad legislativa, para asegurar el principio de subsidiariedad en su interior, pero su organización interna es privativa de cada estado miembro. En el Artículo I-11 de la constitución se definen los principios básicos de subsidiariedad y proporcionalidad.

Al contabilizar los costes y los beneficios de la colaboración no habría que limitarse a factores económicos, debiendo tenerse en consideración aspectos políticos, sociológicos y psicológicos, no siempre cuantificables. Además de las consideraciones políticas acerca de lo que interesa hacer y las jurídicas sobre lo que legalmente se puede hacer, están las consideraciones técnicas respecto a lo que conviene hacer. El criterio técnico que fundamenta el principio de subsidiariedad es el de *sinergia*. El principio de la solidaridad, según el artículo 5 del TCE, afecta a los objetivos que pueden ser alcanzados en una manera suficiente por el estado miembro debido a la dimensión o a los efectos, y esos mismos términos se expresa el Artículo I-11, 3 de la constitución. En términos de sinergia, el criterio de subsidiariedad sería traducido por la regla siguiente: La transferencia de competencias no debe tener lugar cuando los beneficios de la sinergia que se puede conseguir, mediante la acción conjunta o la regulación común, son inferiores al coste que requiere la cooperación para lograr esa acción concertada o esa legislación común. Hay, en efecto, dos fuentes de sinergia: la acción conjunta y la normativa común.

La sinergia que la acción conjunta proporciona debe compensar los costes de coordinación y la sinergia que se obtiene por la aplicación de una normativa común a acciones independientes ha de compensar los costes de elaborar e imponer esa legislación común en todos los países de la Unión. La acción común proporciona sinergias por tres motivos:

- Por permitir acometer proyectos que no se podrían realizar independientemente.
- Por mejorar la calidad de los resultados.

- Por reducir el coste de la ejecución.

La normativa común proporciona sinergias por:

- Permitir establecer estándares técnicos comunes. Ej. Los alimentadores de corriente de un fabricante de teléfonos móviles debieran ser compatibles con los teléfonos de cualquier otro fabricante.
- Facilitar la utilización de un equipo local determinado en otros territorios. Ej. : Asegurar que las mangueras del equipo de bomberos puedan ser conectadas al sistema de bocas de riego de otras ciudades en otros países. Teléfonos móviles que utilicen frecuencias universales, de forma que se puedan utilizar en cualquier país.
- Permitir el reconocimiento de títulos y licencias otorgados por las instituciones de unos países en otros. Ej. : Las licencias de conducir, los títulos de piloto o los títulos universitarios.
- La flexibilidad en la recolocación transfronteriza de operarios y la asignación de trabajos.
- La seguridad jurídica que ofrece compartir una misma legislación cuando se actua fuera del propio país.

Dado que el precio para compartir normativa es reducido, el costo inherente al acto legislativo común y las posibles adaptaciones de las legislaciones locales, mientras los beneficios de la sinergia normativa se extienden en el futuro sin límite, el principio de subsidiariedad debe promover el desarrollo de la legislación común tanto como sea posible. La definición de normas y estándares técnicos siempre debe ser centralizada y su aplicación global.

El principio de subsidiariedad es un concepto sencillo con una aplicación compleja, por lo que se necesitará flexibilidad. Para hacer operacional el principio de subsidiariedad, sería necesario establecer criterios claros para su aplicación. Además del criterio de coste/beneficio como base del análisis del beneficio proporcionado por la sinergia, otros factores deben ser considerados:

- El alcance geográfico del problema.
- La conveniencia de proporcionar una imagen de unidad y una identidad común.
- La necesidad de asegurar la responsabilidad de cada institución.
- La disponibilidad de recursos.
- El grado de homogeneidad existente y deseable entre los miembros en el tema considerado.
- Consideraciones políticas.

Las competencias.

Encontramos cuatro grupos de competencias:

- las competencias Exclusivas de la Unión Europea.
- las competencias Exclusivas de los estados de miembros.
- las competencias Compartidas.
- las competencias Complementarias.

Las competencias Compartidas y Complementarias requerirán un esfuerzo de coordinación adicional y permanente. En caso de que haya competencias exclusivas, clara y perfectamente definidas, ya sea en a nivel comunitario o a nivel nacional, sería adecuado enumerarlas, haciéndolas explícitas en una lista. Pero, dada la naturaleza y la complejidad de los problemas humanos, es previsible que un número grande de temas requerirá soluciones en niveles diferentes, por lo tanto, es previsible que, por razones de eficacia, muchas competencias requieran ser consideradas como complementarias o compartidas. La Unión Europea necesita ser capaz de reaccionar con eficacia en un entorno global dinámico, lo cual requiere flexibilidad. Por lo tanto, pretender disponer de una enumeración exhaustiva y cerrada de competencias exclusivas debe ser rechazada.

La lista de competencias exclusivas debe estar abierta a la posibilidad de una acción coordinada más eficiente ante cualquier nueva oportunidad o amenaza, incluso en aquellas situaciones que requieren dar una respuesta a cuestiones no incluidas en las competencias enumeradas previamente. Se tiende a admitir que todas las competencias que no hayan sido atribuidas a la Unión por los tratados serían reservadas a los estados miembros. Para mayor flexibilidad, debiera considerarse el incluir en los tratados una cláusula por la que todas las competencias que no hayan sido reservadas como exclusivas de la Unión o de los estados miembros, debieran ser consideradas como competencias compartidas, en tanto no se clarifique la cuestión. La flexibilidad requiere también un procedimiento para revisar las competencias asignadas por los tratados. Los principios para asignar las competencias exclusivas deben tener presente que la conveniencia de una acción común aumenta cuando:

- Se trata de problemas comunes que requieren una acción conjunta:
- Hay aspectos transfronterizos.
- Se requiere la acción de un actor global.
- Se requiere la coordinación con otros actores globales.
- Se necesita actuar con estándares comunes.
- Se requiere la utilización de recursos comunes.
- Se pueden obtener beneficios sinérgicos evidentes.

Entre las competencias exclusivas de la Unión europea debemos distinguir dos dicotomías:

- Acciones externas e internas
- Tareas de coordinación y/o harmonización respecto a tareas cuyo objetivo es proporcionar orientación y recomendaciones a los miembros.

En una comunidad en red, como la Unión Europea debiera llegar finalmente a ser, los casos de responsabilidades compartidas deben proliferar. El énfasis no debe estar tanto en unas listas cerradas a *priori* sobre lo que debe ser competencia de cada institución, sino en lo que tiene que ser hecho entre todos y cómo puede ser hecho mejor, comenzando con las decisiones que han de ser tomadas conjuntamente, de forma que sean correctas. Las técnicas de mediación y negociación están muy desarrolladas en Europa. Europa debiera aspirar a ser el mediador por antonomasia en los conflictos internacionales, pero, previamente, debe institucionalizar y desarrollar su propia función de mediación interna. Salvo en aquellas ocasiones en las que esté muy claro quién hace qué y se puedan definir las competencias, sería conveniente definir el procedimiento a aplicar cuando las competencias son compartidas o no estén claramente delimitadas, a fin de clarificar qué tipo de consultas han de ser realizadas por cada agencia o institución y a quién debieran escuchar antes de tomar determinadas decisiones o emprender algunas acciones. El objetivo es la calidad de los resultados finales, que es función de la información disponible y de los argumentos expuestos. También sabemos, por la experiencia japonesa en este tema, que la puesta en práctica de una decisión por un colectivo se ve favorecida por el número de personas y de instituciones involucradas en su aplicación que han participado en la decisión. El desarrollo de una función de mediación debe garantizar el éxito del principio de subsidiariedad en la práctica, permitiendo estructurar la organización en una red de contactos, sobre la base de las relaciones de intercomunicación participativa y a mantener un diálogo institucionalizado, permanente y abierto, en vez de las estructuras jerárquicas, caídas en desuso, basadas en el ejercicio del poder y la imposición. Pero la mediación debe ser complementada por el arbitraje, a fin de asegurar las resoluciones con o sin acuerdo, es necesario que la corte de justicia que preste un servicio eficiente de mediación sea, al mismo tiempo, un tribunal de arbitraje aficaz y ágil.

A fin de no demorar los plazos, el tiempo deberá ser una consideración permanente en la tramitación de todo procedimiento, pero sin impedir la participación de quienes puedan contribuir a la mejor decisión. Recuerdo haber oido decir a un diplomático que el camino más rápido para salir de un edificio era saltar por la ventana, pero resultaba más conveniente dedicar tiempo a bajar por la escalera. Dado el hecho que el costo de coordinación crece con el número de actores:

- El número de actores no debe ser demasiado grande en ningún grupo que busque un equilibrio Nash.

- Como consecuencia, se deben establecer varios niveles de coordinación: local, regional, nacional, supranacional, comunitaria y universal, a fin de reducir el número de actores en cada nivel.
- Las naciones pequeñas debieran tratar de formar entre sí grupos más grandes para actuar conjuntamente en el Consejo.
- Entre la acción común del conjunto y la acción independiente de los miembros hay siempre espacios para acuerdos bilaterales puntuales y cooperaciones reforzadas.

El principio de subsidiariedad elimina definitivamente el debate entre federalismo y confederalismo, porque las funciones y los poderes se centralizan o son descentralizados basándose en dicho principio y caso a caso, favoreciendo con ello el desarrollo de *una comunidad en red*. En una comunidad en Red, los parlamentos nacionales no deben tener su participación en la política europea limitada al control de la subsidiariedad, porque podrían desarrollar una tendencia a usar ese canal para cualquier propósito. Sería conveniente que los parlamentos nacionales tengan también el *derecho de contribución*, de forma que pueden contribuir con propuestas de enmienda que podrían enriquecer y mejorar los proyectos de ley propuestos por la Comisión, quien mantendría el monopolio de iniciativa legislativa en la Unión. Mediante el derecho a proponer enmiendas por parte de los parlamentos nacionales se mejoraría la legislación comunitaria y se facilitaría la posterior adaptación de las leyes marco a las legislaciones nacionales.

Es evidente que el criterio de subsidiariedad es fundamentalmente un criterio político, pero habría que analizar la transferencia a Europa de nuevas competencias con un criterio de eficacia y sinergia.

Política de defensa

> *Pocos somos, pero la unión multiplicará los ejércitos. Del valor de cualquiera de nosotros se ha de fabricar y componer la seguridad de todos.*
>
> Hernán Cortés. Arenga de Veracruz.

La política común de defensa debiera tener las siguientes áreas de competencia:

- Estándares de armamento e instrucción de la tropa
- Gestión de misiones Petersberg
- Gestión de crisis
- Defensa y prevención del terrorismo
- Defensa del territorio europeo y protección de las fronteras
- Defensa civil y recuperación de catástrofes

Sería conveniente contar con una Agencia Europea de Armamento, que coordine la estandarización, investigación y desarrollo común de armas y municiones. En materia de defensa, dadas las dificultades que presentan algunos países pacifistas, habría que crear, como colaboración reforzada entre un grupo de países miembros, un ejército para la defensa común con mando unificado. La estabilización de la paz no debe quedar reducida al continente europeo, la Unión debiera ser capaz de desarrollar una política que asegure un cordón sanitario de estabilidad y paz en torno a sus fronteras. Por otro lado, sería deseable la fusión del nuevo Ejército Europeo y la rama europea de la NATO. La Unión Europea, debiera ser un miembro de la Alianza Atlántica que sustituyese en ella, como una unidad, a los países europeos miembros de la alianza.

Habría que justificar que continúe la presencia de bases militares de los EE.UU. en Europa, salvo que se trate de tropas de ocupación. En pleno siglo XXI parecen tan injustificables como que Europa estableciese bases en el territorio de los EE.UU.

Política interior.

Concebida como un área de Libertad, Seguridad y Justicia, la Unión Europea debe garantizar los derechos fundamentales del ciudadano. Sería conveniente contar con un Fiscal General Europeo que persiga los crímenes de Terrorismo, Trafico de personas, Trafico de órganos humanos, Trafico de Drogas, Trafico de Armas, Fraudes trasfronterizos, Corrupción, Alta traición, Crimen organizado y Delitos financieros por encima de determinada cifra y con ramificaciones internacionales. La orden europea de detención es un instrumento básico de la armonización de la seguridad y la justicia, así como la creación de una policía federal. Habría que unificar la política de inmigración y asilo, junto con la gestión coordinada de las fronteras. Convendría contar con un servicio común de guardacostas con un mando unificado.

Las decisiones en este campo debieran tomarse por codecisión y voto por mayoría.

Política tecnológica.

Dada la importancia que tienen la innovación y desarrollo tecnológico para el desarrollo sostenido de las economías y para la competitividad de empresas, regiones y países; la Unión Europea debiera dar una especial atención a su política tecnológica.

A tal fin, debiera crearse una agencia europea de planificación y desarrollo tecnológico a semejanza del MITI japonés, que lanzase programas de investigación en campos de interés preferente, como en este momento serían los superconductores, la energía de fusión nuclear, las energías renovables, la genética, la industria aeroespacial, la industria naval de alta velocidad, la gestión de la información y los nuevos materiales. Para el desarrollo de los programas de investigación, debiera potenciarse la colaboración entre diferentes países e instituciones: universidades, empresas, laboratorios, centros de investigación y foros de reflexión, en torno a objetivos preferentes. Los programas públicos de estímulo a la investigación debieran orientarse preferentemente por el lado de la demanda, con objetivos concretos, como hace el CERN, (políticas de tracción) y no por el lado de las subvenciones (políticas de presión).

Política educativa.

El primer objetivo de la educación debe ser la calidad. La educación europea deberá, además, facilitar el aprendizaje de idiomas y el intercambio masivo de estudiantes y profesores. La educación debiera de ser amplia, cubriendo en los años previos a la universidad aspectos científicos y humanistas para todos. Un aspecto a no descuidar en la formación es el de la convivencia y la moral pública, junto con el conocimiento de las instituciones europeas y los derechos y deberes de los ciudadanos asi como prácticas de argumentación y debate. Por el otro lado, la Unión necesita un rearme ético y una reorientación educativa de la función del dinero, dejando claro que es un medio de cambio al servicio del intercambio de bienes y no un fin en sí mismo que fomenta servirse maquiavélicamente del mal si da dividendos.

Política económica.

El desarrollo económico se puede producir por aumentar los recursos dedicados a la producción o por aumento de la productividad de esos recursos. Cuando se tienen niveles altos de desempleo, la fórmula inmediata para crecer es la de movilizar los recursos disponibles y reducir el paro, con ello, las tasas de crecimiento se alinean con las tasas de reducción del desempleo. Sin embargo, cuando hay varias economías compitiendo, el aumento de la productividad de una de ellas respecto a las competidoras produce incrementos de rentabilidad que atraen las inversiones de capital. Lo cual hace que, al dirigirse preferentemente los flujos de capital hacia esas economías, sean éstas las de mayor crecimiento y sean ellas donde el desempleo termina siendo menor.

A lo largo de los últimos años, la economía americana ha crecido con índices superiores a la economía europea mediante incrementos de productividad superiores y a través de importantes inversiones de capitales europeos en los EE.UU. Los niveles de cotización del dólar se han mantenido relativamente altos a pesar de la deficitaria balanza comercial americana y la fuerte presión por la devaluación, gracias a las fuertes inversiones europeas en América que compensan su balanza de pagos. Es urgente una política europea eficaz de desarrollo tecnológico e innovación orientada al crecimiento de la productividad, en vez de cifrar el crecimiento económico europeo en el empleo de mano de obra poco cualificada. Hay que invertir en capital humano.

Tras la caída del Muro de Berlín, a nadie le puede quedar duda de la superioridad de la economía de mercado como la mejor alternativa hoy conocida para producir y distribuir bienes económicos. No obstante, el libre mercado no resuelve el problema de quienes no tienen nada que aportar al mercado. Los sociólogos se quejan de que su ciencia padece la imposibilidad de poder realizar experimentos científicos, debiendo conformarse con observar la realidad social. Sin embargo, el mayor de los experimentos científicos realizados en lo que la humanidad tiene de historia ha sido sociológico. Hemos dividido el mundo en dos, estableciendo en todo un continente, América del Norte (EE.UU.-Canadá), el sistema de libre mercado mientras que en otro, (China-Rusia), se implantaba la economía planificada, con una isla socialista en América: Cuba, y otra isla de libre comercio en Asia: Formosa, que sirvieron de muestras de contraste. El continente europeo se dividió, a su vez, en dos, con el mismo propósito y en dos se dividieron algunos países: Alemania, Vietnán, Yemen y Corea; llegándose incluso a dividir en dos la ciudad de Berlín. A Austria se la dejó elegir, y en una serie de países del tercer mundo, como en Chile, Guatemala, Camboya.... se fueron alternando los dos sistemas. Durante medio siglo se ha esperado a ver las consecuencias y, tras esas dos generaciones de conejillos de indias, no ha quedado la más mínima duda de que los teóricos de la Escuela de Viena tenían razón al asegurar que no es posible que una economía planificada funcione eficazmente. Al ser los austriacos los únicos europeos que pudieron elegir entre los dos sistemas, se pusieron seriamente a considerar ambas alternativas, encontrando que:

- Es imposible que el planificador central tenga y pueda procesar toda la información necesaria para dirigir con eficacia la economía de un país.
- La planificación exige renunciar a la libertad personal.
- La planificación desmotiva la iniciativa y baja la productividad.
- Con la centralización económica, se pierde la importantísima información que los precios proporcionan sobre lo que hace falta en el mercado y lo que se está produciendo en exceso
- Además, se desincentiva la innovación.[95]

[95] La primer acería de colada vertical que producía acero ligero de alta resistencia, se estableció en Suecia con patente rusa, dado que, al fijar los planificadores rusos cuotas de producción por toneladas, ninguna acería rusa quiso producir acero que pesase poco.

- La falta de discriminación de la demanda por precios hace que se produzcan colas.

La imposibilidad de conocer los deseos de todos en un solo punto, hace inviable la opción de un planificador central único, como se demostró en la práctica con la experiencia soviética, se disparan la burocracia y la ineficiencia, tal y como lo demostró la Escuela de Viena (von Mieses, Hayek, Kirzner,...). Además, la concentración de poder económico propicia el desarrollo de situaciones de dominio y la corrupción. La planificación es una opción válida en comunidades pequeñas y altamente solidarias, como las familias y las comunidades religiosas, si bien, incluso en esos casos, hay dos extremos distorsionados del sistema de planificación central: cuando el planificador sacrifica sus necesidades a favor de los demás, "la madraza" o sistema centro-periferia invertido de Lasuen, y cuando el planificador sacrifica a los miembros en favor de sus intereses, "il padre padrone" o estructura de corte imperial.

Aceptando la superioridad del libre mercado, encontramos cuatro problemas que el libre mercado no resuelve por sí mismo:

> ¿Qué pasa con aquellos que no tienen acceso al mercado? Los marginados por incapacitados o incapaces para incorporarse a los sistemas de producción: los enfermos, los viejos, los inválidos, los incompetentes y los inútiles.
>
> ¿Cómo se actúa cuando algunos grupos, buscando obtener equilibrios Nash para el beneficio del grupo a costa de la mayoría, recurren a concertar alianzas e implantar carteles y monopolios para controlar un determinado mercado?
>
> ¿Qué se hace cuando el capital se retrae masivamente de un pais, dejando recursos sin explotar y altas cifras de mano de obra desempleada?
>
> ¿Cómo impedir que el afan de beneficio merme la seguridad?

La Unión Europea deberá esforzarse por dar solución a esos cuatro problemas, asumiendo una política social que busque, en primer lugar, la adecuada formación e inserción laboral de todas las personas marginadas y la cobertura de las necesidades legítimas de todos, evitando el fraude y al abuso del sistema. El hecho de que otros países no tengan en consideración a los marginados no debe ser argumento para no hacer lo que proceda hacer, aunque ello lleve consigo la pérdida de algún punto de competitividad en el mercado internacional, punto que habrá que compensar siendo más competitivos, innovadores y emprendedores. La Unión Europea debe defender el estado del bienestar dentro del libre mercado. La ayuda por desempleo debe estar orientada a encontrar un nuevo empleo sobreviviendo en el intento, no a instalarse en el paro. El derecho al trabajo no debe confundirse con un derecho al paro. La prevención del segundo problema habrá de lograrse aplicando leyes antimonopolio y persiguiendo la manipulación de los precios y la distorsión de la competencia.

A falta de capital, el estado debe facilitar la creación de cooperativas que dinamicen los recursos locales y generen autoempleo, capitalizando la mano de obra dentro de un sistema de mercado competitivo.

Habrá, también, de tenerse en cuenta que en toda actividad económica, la seguridad debe primar sobre el beneficio, asegurando sistemas que controlen la calidad y garanticen la seguridad de los productos, sobre todo en alimentación y farmacia, así como la seguridad de los operarios y del vecindario en los procesos de construcción y fabricación que presenten aspectos peligrosos o contaminantes.

La Unión Europea no puede descuidar la innovación tecnológica. Mantener un mismo nivel tecnológico durante mucho tiempo irá reduciendo las oportunidades de innovación, al tiempo que se merman los beneficios marginales por motivo de los rendimientos marginales decrecientes, aparte de la posible obsolescencia técnica frente a los competidores y los efectos de saturación del mercado que se puedan producir. Una sociedad que no saltara de nivel tecnológico terminaría por estancarse en su desarrollo con el consiguiente deterioro de su posición competitiva y la degradación física de las infraestructuras productivas. Mientras que un sistema de tecnología estable presenta crecimientos marginales decrecientes, en un entorno de innovación permanente el crecimiento se transforma en *desarrollo continuo*. El tipo de innovaciones desarrolladas y su calidad dependen del nivel y cuantía de los recursos dedicados a la investigación. El presupuesto dedicado a la investigación y a la aplicación tecnológica e industrial de los resultados es importante para el éxito a largo plazo. La colaboración entre empresas, centros de investigación y centros de enseñanza debiera ser prioritaria. El número de innovaciones depende de la calidad y número de personas dedicadas a la investigación. Habría que lograr una política que retenga los investigadores propios y capte investigadores extranjeros. Para mantener el desarrollo cuando la tasa de población decrece, es necesario aumentar el porcentaje de investigadores sobre la población total. Ello requiere formarlos, captarlos del exterior y retenerlos. En general, convendría tener una clara política selectiva de inmigración y cumplirla.

El beneficio es la retribución a la innovación. No se producirá ninguna innovación si no va acompañada de beneficios.Tanto el azar como el riesgo son integrantes de cada acto innovador. Una cultura innovadora debe desarrollar un nivel de tolerancia por el riesgo y una determinada propensión al cambio. Hay dos tipos de innovaciones: las que se mantienen dentro de un determinado *nivel tecnológico* y las que provocan un salto a un nuevo nivel. Cada nivel tecnológico requiere un tipo de liderazgo y con cada nivel surgen nuevos líderes (Sloan, Pakard, Rudolf R. Hess, Ted Turner,...). El desarrollo de líderes debiera ser otro objetivo claro. Toda innovación redunda en beneficio de clientes y proveedores. Los planes de investigación debieran de ser conjuntos, integrados verticalmente a lo largo de los procesos industriales, desde la materia prima a la distribución de los productos terminados y su posterior mantenimiento.

La formación es acumulativa. Su efecto depende del tiempo invertido y de la calidad de la enseñanza impartida. La calidad de la enseñanza es un factor de competitividad internacional. Europa debiera constituirse en el centro de educación e investigación mundial y dentro de Europa, España debiera hacer un esfuerzo por rentabilizar su clima atrayendo investigadores y estudiantes, incluso con prioridad sobre la atracción turística. España, que ya es la Florida de Europa, debiera esforzarse por convertirse en su California.

Un capítulo por resolver por el camino del desarrollo sostenido es el evitar la obsolescencia planificada. Los productos debieran diseñarse y fabricarse para que duren y no para que se estropeen. La obsolescencia debiera de ser tecnológica, porque surgen productos mejores, pero no por deterioro planificado[96]. El mejor reciclado es que las cosas duren. El diseño de los productos debiera tener en cuenta su mantenimiento a fin de facilitarlo.

Otro aspecto de la economía sería el reconocimiento de la libertad sindical. En este tema, sería conveniente asegurar no sólo la libertad de asociación, sino la independencia de los sindicatos. Conocemos tres modelos de sindicatos: los británicos, los continentales y los americanos. Los sindicatos ingleses se crearon libres, pero, para ganar fuerza política, crearon ellos su propio partido: el partido laborista. Los sindicatos continentales, al contrario, fueron creados por partidos políticos para ganar éstos control sobre las masas obreras. Los sindicatos americanos surgieron independientes, pero fueron infiltrados y controlados por la mafia. Como consecuencia, encontramos acciones sindicales motivadas por razones políticas o presiones mafiosas que constituyen un claro perjuicio para los intereses de los trabajadores y para las economías nacionales.

La independencia sindical debiera ser uno de los principios de la economía de la Unión. En el nuevo contexto europeo, la plataforma sindical debe ser un foro de concertación y diálogo en busca del bien común y no un medio de intervensionismo político o de explotación mafiosa de la mano de obra bajo una falsa cobertura de laborismo. Dos áreas en las que la política económica de la Unión europea debiera desarrollar una política común son la energética y la hidráulica. La política agraria dependerá de lo que surja de Doha. Hay que ser solidarios con los paises menos desarrollados, pero el mundo debe tambien comprender que en Europa se ha pasado hambre durante siglos y, además de asegurar la paz, la UE quiere asegurar su despensa.

---

[96] Fue la empresa Singer la que, al descubrir que sus ventas bajaban porque la nueva generación estaba heredando las máquinas de coser de sus abuelas, quien inventó la obsolescencia planificada, haciendo que una máquina de coser no durase más de 30 años. Los fabricantes de automóviles redujeros esa cifra a 10 años y los de electrodomésticos a 6 años.

Las relaciones internacionales

> *"La sociedad en que todos se ayudan para obtener la felicidad es la sociedad modelo. El pueblo o nación cuyas ciudades todas se ayudan mutuamente para alcanzar la felicidad es la nación modelo. Del propio modo, la Tierra sólo será la Tierra ideal cuando las naciones que la forman se ayuden mutuamente para obtener la felicidad"*
> Al.Farabi, La ciudad Ideal, Ed. Tecnos, Madrid 1955. Pa. 83.

Las relaciones internacionales, reflejo de las relaciones humanas, están condicionadas por el concepto que tengamos del hombre. Es obvio que el desarrollo del transporte y las comunicaciones han acortado las distancias y estrechado las relaciones entre todos los puntos del planeta, aumentando los contactos internacionales en número y calidad. Como dijo Jaspers, la globalización es un proceso inevitable, un proceso que hoy ya es un hecho incuestionable con nuevas exigencias y numerosas oportunidades. ¿Nos fiaremos, para abordarlas, de la fuerza o de la razón? ¿Recurriremos a la violencia o al diálogo? En definitiva, y en términos de mitología contemporánea "made in Hollywood", ¿debiéramos ponernos al lado del Imperio o con la Confederación de mundos libres?

Si es preciso organizar la globalización, como decía Jaspers, será preciso valorar la forma de hacerlo y decidir que preferimos o permitir que el imperio nos sea impuesto por la violencia del más fuerte o del déspota más hábil y volver a sufrir los enfrentamientos entre los poderosos en busca de defender o adquirir la supremacía mundial o esforzarnos entre todos por buscar alternativas. Pero, ¿hay realmente alternativa al imperio a escala mundial? Dado que, en último término, de lo que se trata es de relaciones interpersonales, para evaluar los modelos posibles para enmarcar las relaciones internacionales habría que partir de nuestro concepto del hombre. Empezaremos por cuestionarnos el concepto de persona.

La persona

Toda política presupone una antropología. El hombre existe como persona. El concepto de persona es relacional y estructural. Mientras el individuo vive en sí y para sí, la persona vive con otros, para y desde otros. El concepto de persona es existencial y existir es coexistir. La dimensión social de todo ser humano es el constituyente del individuo como persona. En su concepción clásica, dos elementos configuran la personalidad: el "*prosopon*", la máscara, el semblante, lo que los demás ven de cada individuo, la cual depende de la forma de mirar de cada uno, y la "*hipóstasis*", la encarnación, la sustanciación, lo que cada persona manifiesta de sí misma como lo que ella misma es, su manera de mostrarse y comportarse.

Una persona es una estructura dinámica viva, consciente de sí misma, de su entorno y de otras personas, con las que se relaciona mediante el lenguaje y con las que se integra en distintas estructuras sociales con fines diversos[97]. Ser persona es el modo humano de ser en el mundo. La característica fundamental de la persona es la racionalidad. "Llamamos racional a una persona que en el ámbito de lo cognitivo-instrumental expresa opiniones fundadas y actúa con eficiencia".[98] Para Scheler[99] la persona es "la unidad simultánea y directamente vivida del vivir las vivencias". Para Heiddeger[100], "la persona se da siempre como ejecutora de actos intencionales ligados a la unidad de sentido"

La personalidad es una cualidad del ser humano, un modo de ser, que supone una serie de comportamientos, lo que implica una ética y una estética en el modo de vivir, como rasgos de identidad de la persona. La Unión Europea constituye una estructura social con personalidad propia, capaz de asumir relaciones con otras estructuras sociales de su misma entidad y debiera de poder ser capaz de ejecutar actos intencionales con personalidad jurídica propia como unidad de convivencia ante el mundo. Europa debe ser capaz de manifestar y dar a conocer su realidad (*hipóstasis*) y de cuidar su imagen (*prosopon*). Debiendo también desarrollar y aplicar una ética y una estética en sus relaciones internacionales, como impronta de su identidad y característica de su

---

[97] Si analizamos la definición en términos aristotélicos de género y diferencia, vemos que la nuestra se enraíza en la tradición de las definiciones clásicas: *Animal rational, res extensa cogitans, homo sapiens sapiens, animal loquens, zoon politicon.*

[98] Habermas. O.c. I vol. pag. 37.

[99] Scheler, Jahrbuch, t.II, pag. 243

[100] O. c., Sec 1 cp.1-10. Pag. 60.

personalidad internacional. Frente a la forma de ser de todo útil como "ser para", cuya esencia es la de ser medio e instrumento, el ser persona es un fin en sí mismo[101] dedicado a los demás.

Las cosas, en cuanto útiles son medios manipulables, fraccionables y alterables; objetos determinados, pura exterioridad física, mera corporeidad. Al estar sujetas a las leyes de la física están sometidas a la causalidad, son objetos de los que nos podemos servir para lograr un provecho. En tanto útiles se valoran por su utilidad, tienen precio y demanda por aquello para lo que pueden servir. Son sustituibles y prescindibles. Están encerradas en sí, incomunicadas, son intrascendentes y determinadas. Las cosas son algo, definibles. Son esencialmente corpóreas, estando su corporeidad constituida por un conjunto de propiedades mediante las cuales se manifiesta su estructura material. Su operatividad y utilidad está condicionadas por la acción exterior que las utiliza. Para utilizarlas hemos de imponer nuestra voluntad y violentarlas mediante una *acción de domino*. Las cosas pueden ser instrumentos y medios para la acción. Están sujetas a las leyes del determinismo mecanicista, como afirmaba Lapace, si conocemos su estado y sus circunstancias, sin intervención humana, podremos determinar su futuro.

Las personas, en cuanto fines en si mismas, son dignas, libres y responsables, sujetos que se rigen por fines. Dotadas de interioridad y voluntad, son irremplazables, inalterables en su identidad, imprescindibles en cuanto fines en sí, trascendentes, abiertas a lo otro y capaces de comunicarse con otras personas y de interpretar el mundo. Las personas son alguien, identificables pero indefinibles. En cuanto dignas, son inapreciables, no tienen precio, y se merecen respeto y aprecio por quien son, no por lo que son. Son intrínsecamente biográficas, estando su biografía constituida por vivencias. Su acción está determinada por su propia voluntad. Para cooperar con ellas hemos de dialogar con ellas y convencerlas mediante una *acción comunicativa*. Las personas pueden ser solidarias en la acción y deben ser racionales en la decisión. Están sometidas a las leyes de la libertad y la responsabilidad. Como afirmaba Kant, la libertad les proporciona un comportamiento responsable, moral,

[101] Kant, *Fundamentación de una Metafísica de las costumbres*. Porrúa. México 1990.

que les permite buscar la propia perfección como objetivo y aspiran a la felicidad, buscándola en la verdad, el bien y la belleza.

Los problemas de las relaciones internacionales y, en general, el de todas las relaciones humanas surgen al pretender servirnos de otras personas como cosas, recurriendo a la acción de dominio y la violencia sobre ellas, intentándolas forzar o comprar. El éxito de la Unión Europea al renunciar a la acción de dominio entre sus miembros, instaurando la acción comunicativa, demuestra la superioridad de tratar a las personas como personas. La misión de Europa debiera ser la de promover el modelo europeo de convivencia internacional como modelo de convivencia global, renunciando a tratar a las otras personas y países como cosas. Utilizar la acción de dominio sobre otras personas supone una falta de empatía por la que se cosifica a la víctima y se deshumaniza el ejecutor. Al cuestionarnos el tipo de sociedad que queremos, debiéramos partir definiendo y determinando qué tipo de persona queremos ser. Una vez más, la pregunta previa no es sociológica sino antropológica[102], tendríamos que preguntarnos ¿qué es el hombre actual? O mejor: ¿qué quiere ser el hombre actual? y, más en concreto: ¿Qué quiere ser el europeo del s. XXI? La respuesta debiera ser colectiva, pero esforcémonos por dar una respuesta, tratando de inventarnos una forma de ser, partiendo de que el hombre es "el ser que se inventa su forma de ser".

El modo de ser humano

"Ser" es común para todos los seres, la actualización de lo dado haciéndolo patente: Ser es hacer realidad lo que se es. Dado que el modo humano de ser es ser persona, la cuestión ahora, en cuanto seres *que se inventan su forma de ser*, se centra en saber qué tipo de persona queremos ser. Es decir, definir el prototipo de hombre que aspiramos a ser. La historia de la humanidad muestra una serie de prototipos clásicos, como diferentes formas de ser hombre que han estado vigentes largo tiempo, caracterizando una época, siendo ampliamente aceptadas como ideal en determinadas comunidades, contribuyendo a configurar y consolidar su estructura política y su sistema de vida. Podemos recordar al caballero

[102] El profesor Rafael Rubio de Urquía defiende que toda economía presupone una antropología. Toda sociología también.

andante, al cortesano, al burgués. A modo de ejemplo, y de forma esquemática, citemos los prototipos siguientes:

Prototipo viejotestamentario: ***El zaddik.***
El ideal de hombre en el viejo testamento es la persona pía, el justo, el hombre que vive rectamente y que actúa rectamente conforme al orden del derecho dado por Dios

Prototipo griego: ***El ciudadano.***
Tiene dos vertientes: una hacia la ciudad, en la que las virtudes dominantes son la amistad y la fidelidad a la ley de la ciudad (aunque sea injusta, caso de Sócrates) y fidelidad a los juramentos (aunque sean ilegítimos, caso de Agamenón). Su medio de relación es la dialéctica y su arma la retórica. Hacia el exterior, las virtudes son el valor y la disposición al riesgo y sus medios de relación son la guerra y el comercio y sus armas la espada y la lanza, el caballo, la navegación y la negociación.

Prototipo imperial romano: ***El patricio.*** (Pater, patris = padre).
Lo importante es la familia, y, por extensión, la patria en cuanto agrupación de clanes que agrupan familias afines. Las actividades apreciadas son la gestión doméstica o economía y la gestión pública o política. Las virtudes son la autoridad en la familia y el sometimiento a la ley patria, aunque sea dura. (Dura est lex seb lex). La milicia asegura la economía, garantiza la seguridad y abre el camino de la política.

Prototipo imperial chino: ***El mandarín.***
Lo importante es la capacidad administrativa y el don de consejo. Se valora la importancia del buen ejemplo y el respeto a la tradición. Virtudes más apreciadas: sabiduría, honradez, lealtad, refinamiento.

Prototipo imperial japonés: ***El samurai.***
Lo importante son la justicia y el honor. Las virtudes valoradas son las virtudes marciales: disciplina, abnegación, lealtad, valor, dominio de las artes marciales.

Prototipo medieval: ***El caballero andante.***
Se valoran la caballerosidad y la galantería. Las virtudes son el idealismo, el valor, la lealtad y el respeto a la palabra dada. Las artes a dominar: la equitación y la destreza con las armas, la justicia y el honor.

Prototipo imperial español: ***El hidalgo***.
Tiene dos ambiciones: el honor en esta tierra y la gloria eterna. Se debate entre las armas y las letras, entre el ejército y el convento. Mitad monje, mitad soldado, sus virtudes son: austeridad, mortificación, cumplimiento de la palabra dada y esfuerzo personal. La vida, en la que hay que guardar las apariencias, es una lucha constante, interna y externa.

Prototipo imperial inglés: ***El gentleman***.
La vida es un deporte. Lo importante es el "*fair play*". Hay que seguir las reglas pero han de ser reglas Británicas. Virtudes: disciplina, elegancia, saber estar, buenos modales, la buena dicción, lealtad y compañerismo.

Prototipo imperial norteamericano: ***El triunfador***.
Lo que cuenta es el éxito. El éxito se mide en reconocimiento y riqueza, y la medida de la riqueza es el dinero. Virtudes: el trabajo duro, la autosuficiencia, la capacidad negociadora y el marketing. Ambiciones: Hacer negocios y ser el número uno en algo, aunque sea como delincuente, o, al menos, estar entre los "top ten". Ideal dominante: La libertad de acción. Objetivo: La fama. Creencia: Todo es cuantificable, cardinal u ordinalmente.

Seguro que se pueden ocurrir otros muchos modelos, matices y puntualizaciones, pero, a la luz de los ejemplos, la cuestión es definir el prototipo del ciudadano del siglo XXI.

¿Qué tipo de hombre queremos llegar a ser?

Una posible respuesta sería sintetizar las aspiraciones de nuestros ancestros europeos, matizándolas al actualizarlas, y plantearnos un modelo sincrético. Otra alternativa es partir de cero e inventarnos nuestro propio modelo, sin referencia a nada. Una tercera posibilidad es definir nuestro modelo mirándo de reojo a los ideales de nuestros antepasados en busca de inspiración. Hay otra posible vía más sistemática: la de la crítica al modelo vigente. Como hacen las escuelas filosóficas que van definiendo sus nuevas concepciones mediante su crítica a la escuela anterior.

Si tomamos al triunfador como el prototipo vigente en gran parte del mundo, la primera crítica va contra la exacerbación del "homus economicus". Para empezar, el hombre es un ser finito, por lo que su capacidad de consumo no puede ser infinita. La tesis neoclásica de que las curvas de utilidad se estructuran según niveles crecientes de consumo es falsa. A partir de un determinado nivel de consumo, que depende del tipo de producto y de la capacidad personal de cada consumidor (es diferente si se trata de vino, cerveza, pan, televisores o metros cuadrados de apartamento), un consumo superior al óptimo supone una utilidad menor. Lo que ocurre es que el límite presupuestario suele estar por debajo del óptimo de satisfacción, es decir, la economía suele considerar, únicamente, situaciones de carencia. Pero se dan sociedades y personas ricas y hay muchos productos cuyo consumo óptimo es asequible a muchos presupuestos: caramelos, lápices, gomas de borrar, periódicos... son casos que se encuentran en una economía de la opulencia, es decir, una economía en la cual, con el presupuesto disponible, se ha superado el estado de necesidad respecto a una serie de productos que abundan en exceso, disponiendo de más de lo que necesitamos y pudiendo consumir la calidad óptima. Con mi presupuesto podría comprarme cinco o seis sacapuntas, pero me basta con uno; podría comprar cuatro abonos de metro al mes, pero me basta con uno. Alcanzado el punto de consumo optimo, el consumo no aumenta aunque se baje el precio o se eleve el presupuesto disponible (ni si ganase más ni si bajasen el precio, me compraría más de un bono bus al mes, como tampoco me compro otra nevera si ya tengo una); lo cual explica la saturación de los mercados opulentos, aunque su opulencia sea parcial, y se limite a unos cuantos productos. No todos los mercados están saturados y hay personas en la escasez. Si eso es así, el objetivo de maximizar el beneficio (o la renta) es absurdo, tanto para los individuos como para las empresas. En términos de programación lineal, *el beneficio es una restricción del problema, no debiera tomarse como la función objetivo.* ¿De qué me sirve el que mi presupuesto me permita comerme un pollo si sólo puedo comerme un muslo? Ni las empresas, ni las personas sensatas buscan maximizar su beneficio, sino obtener los ingresos suficientes para cubrir sus necesidades, darse algún capricho y cubrir posibles contingencias futuras. El dinero nunca fue un fin, sino un medio. El resultado del triunfo económico se puede resumir en la expresión: Ya somos ricos, ahora, ¿qué? Nuestro hombre tiene que asumir sus ingresos como restricción y medio, debiendo alcanzar un mínimo, y fijarse otros objetivos superiores al objetivo de maximizar ingresos. ¿Cuál debiera ser la función a maximizar por el europeo del siglo XXI?

La función a maximizar. Dado que, por encima de todo, el hombre, como ser que se inventa su forma de ser, siendo "ser" el hacer realidad lo que en realidad se es, el hombre debe *potenciar su propia realización,* lo cual se logra haciendo realidad sus ideas. La felicidad está en realizarse realizando. De alguna forma, ya lo dijo Mashlow[103] con su pirámide de necesidades, en la autorrealización está la felicidad. Por otra parte, el sistema capitalista es un sistema que permite concebir proyectos sin contar con los recursos necesarios, dado que los proporciona el mercado (mercado de capitales, de materiales, de equipos, de tecnología, de mano de obra...). Nuestro hombre debiera de ser capaz de concebir proyectos que le motiven lo suficiente como para hacerlos realidad. El perfil que se va definiendo es muy parecido al del emprendedor, pero a diferencia de aquel, no buscaría el beneficio, sino la realización. Propongo llamarle: *El realizador.*

Una de las cualidades de nuestro hombre prototipo, en cuanto realizador, es que ha dejado de ser depredador, su "*modus operandum*" deja de ser la acción de dominio, para pasar a ser una acción comunicativa, buscando el entendimiento con los otros hombres con los que colabora en la realización de proyectos comunes que sobrepasan la capacidad de un solo hombre, así como con la propia naturaleza. En cuanto ser terrestre, tiene que saber escuchar lo que la naturaleza le va diciendo y entender sus quejas y sus peticiones. Nuestro prototipo sería un hombre dialogante y ecológico, con un perfil que incluiría un hombre tal que busca realizar sus proyectos sin necesidad de contar previamente con los recursos necesarios, por lo que, al necesitar la colaboración ajena, su acción se basa en la confianza y en el diálogo, la negociación, el entendimiento mutuo, el compromiso y la asociación, renunciando a toda pretensión de dominio y rechazando ser dominado. Actúa respetando una naturaleza de la que se sabe parte y a la que sabe escuchar. Al rechazar todo intento de ser dominado, hace de la libertad y la independencia sus más preciados valores.

---

[103] Mashlow, Abrahan. El hombre autorrealizado. Ed. Kairós. Barcelona, 1993.

Si su acción le proporciona recompensas extraordinarias o beneficio, no se debe a la especulación ni al desvío hacia sí de retribuciones o plusvalías[104] ajenas, sino como premio a las innovaciones que aporta y al valor añadido con el que contribuye a la sociedad. Los proyectos no se limitan por la geografía y los colaboradores no se seleccionan por su nacionalidad, dado que ubicación y recursos de cada proyecto se seleccionan por su idoneidad. Como consecuencia, el realizador no es nacionalista, sino *cosmopolita.*

La sociedad que necesita el realizador es una sociedad que propicie la libertad necesaria para que cada uno pueda desarrollar su propio proyecto de hombre y realizar múltiples proyectos como hombre, respaldando el respeto a los compromisos y facilitando la cooperación a todos los niveles: personales, institucionales, empresariales, nacionales, internacionales y transcontinentales. De manera que los realizadores puedan colaborar con otras personas o empresas o gobiernos locales o nacionales o supranacionales, las empresas puedan colaborar entre sí, así como las naciones y los bloques de naciones entre ellos. La organización es flexible, ni funcional ni orgánica, sino *por proyectos*, y los competidores de un día son colaboradores otro, participando unos en el desarrollo de un proyecto común con otros, tras colaborar en proyectos distintos con gente diferente.

La orientación hacia la realización de proyectos se favorecería si nuestro prototipo de hombre no se viese permanentemente ligado a una empresa y fuese libre para pasar de unos proyectos a otros. Debiera ser *independiente*, profesional liberal, "*freelancer*". El problema de los "freelancers", su talón de Aquiles, es su propia comercialización. La nueva sociedad debiera proporcionar agentes que faciliten a los "freelacers" el acceso a proyectos de su interés en los que puedan hacer aportaciones valiosas y les proporcione colaboradores para los proyectos promovidos por ellos. La tecnología podría hacer que Internet sea un agente común global. Por otro lado, dadas las limitaciones de los individuos, y las ventajas que ya señalara Adam Smith a la especialización, los "freelancers" debieran especializarse, sea en el diseño de proyectos, en la promoción de proyectos, en la realización de proyectos, en la gestión de proyectos

[104] Karl Marx, *El capital.* Ed. Orbis S. A., Barcelona 1967.

o en otros aspectos de los proyectos. La organización social que se necesitaría estaría estructurada por proyectos, lo cual lleva a fijarnos en la estructura de la industria cinematográfica y tomarla como paradigma, con sus guionistas (diseñadores de proyectos), productores (promotores de proyectos), agentes artísticos (agentes de los profesionales liberales), encargados del reparto (seleccionadores del equipo de trabajo), directores (directores técnicos)...

Lo más importante para triunfar resultará ser la red de contactos y la relación confianza-crédito, es decir: poder confiar en los otros y que los otros confíen en ti. El activo principal sería el prestigio profesional, y las virtudes a potenciar serían: la calidad profesional y la honradez profesional, es decir: *la fiabilidad*, como base de la confianza. Otra virtud importante del hombre realizador será la responsabilidad. Estamos observando la falta generalizada de responsabilidad, empezando por representantes insignes de la clase política, especialmente en la escasa responsabilidad por lo hecho. Parte del problema puede que esté en que se desconoce el ambivalente significado de la palabra *responsabilidad* por deficiencias del castellano frente al inglés. En el proceso de delegación, mientras la responsabilidad de la ejecución ("*responsability*") se puede delegar, la del resultado ("*accountability*") es indelegable. Todo responsable ha de dar cuentas de lo que de él depende, aunque no haya sido el ejecutor material. Así como todo ejecutor material asume la responsabilidad de lo por él hecho, aunque lo hiciese bajo una orden. Situaciones como las de los juicios de Nürember muestran la dificultad de asumir la "responsability" de lo hecho cumpliendo órdenes y la pretensión de delegar la "accountability" por lo ordenado.

Recapitulando, encontramos que nuestro prototipo, *el realizador*, debiera ser un especialista, capaz de participar como autónomo en múltiples proyectos sin necesidad de estar integrado en una empresa. Orientado a obtener resultados, se esfuerza por potenciar la calidad profesional y la honradez, la responsabilidad (en su doble faceta), a fin de forjarse un alto prestigio profesional que le permita gozar de un alto nivel de confianza-crédito con los otros miembros de la red. Capaz de contratar a otros y de ser contratado por otros temporalmente. Su disposición para la participación en diferentes proyectos le exigiría movilidad y le conviene ser *políglota.*

La red incluye proveedores, clientes, colaboradores, intermediarios y agentes, competidores, especialistas, técnicos, financieros, autoridades públicas... La sociedad debería poder proporcionarle al realizador cobertura mundial: jurídica, logística, financiera, de seguridad. Poniendo a su disposición cauces de comunicación y redes de transporte fiables, rápidas y seguras. El acoplamiento de especialistas de diferentes orígenes en múltiples proyectos, exige la existencia de estándares universales técnicos y de calidad. La movilidad y los procesos de contratación y pago en diferentes plazas se verían facilitados por una unidad de cuenta común. La sociedad resultante es una sociedad en red, en la que lo importante es la información. Lo que la información debe proporcionar fundamentalmente es "quién es quien", "qué es que" y "dónde y cuándo" de los proyectos alternativos.

La Unión Europea debiera establecerse como una comunidad en red que propicie un gran ámbito de comunicación para sus ciudadanos, y el mundo entero debiera estructurarse mediante una organización mundial reticular de libertad, seguridad y justicia para todos.

La ampliación

El 1 de mayo de 2004, la Unión Europea se amplió a 25 miembros. Aparte de las complicaciones y oportunidades económicas que, análogas a las surgidas de la fusión de las dos Alemanias, pueda originar la ampliación por las diferencias de nivel económico entre los nuevos miembros y los actuales y las necesidades de integración y convergencia. Entre los problemas que plantea la ampliación de la Unión Europea, destacan dos: La adicional complicación lingüística y la operatividad de las instituciones comunitarias, principalmente, *la operatividad de la Comisión*. Es urgente ratificar la constitución y reducir el número de comisionados y eliminar el requisito de unanimidad.

Tras la ampliación queda abierta la cuestión sobre los límites definitivos de Europa. En 2007 se han producido las adhesiones de Rumania y Bulgaria, a las que pronto seguiría la de Croacia. Es de esperar que algún día sigan Servia y Montenegro, Bosnia y Macedonia. Más tarde podría incorporarse Albania. Noruega podría hacerlo cuando quisiese y, tras la eventual incorporación de Noruega y la deseable participación de Dinamarca y Suecia en el euro, y resolviendo la cuestión pesquera, es previsible un cambio a favor de la integración en la opinión pública de Islandia, donde, no lo olvidemos, los EE.UU. dominan militarmente la isla desde su base en Keflavick. Aunque, tras las declaraciones del Presidente Prodi, parece que Bielorrusia, Moldavia y Ucrania quedarían fuera de la Unión, es posible que Moldavia se incorpore *de ipso* a través de Rumania, país que está dando facilidades a los moldavos para que adquieran la nacionalidad rumana y que la presión de Ucrania por integrarse crezca tras la consolidación de Polonia como miembro. Habría que ir pensando en dónde poner límite a la expansión de la UE en el futuro, para lo cual, tendríamos que plantearnos *la misión de Europa* en el mundo como fundamento de su dimensión óptima, deslindando la Unión tanto al este como al oeste.

Toda unificación tiene un núcleo y una periferia. Al núcleo le corresponde aglutinar y unificar, a la periferia expandir e interrelacionar con el exterior. Los que somos periferia hemos de asumir nuestra función de mirar al exterior y canalizar los intereses comunes hacia nuestra zona de influencia: Dinamarca a Islandia y Groelandia, Francia a Québec, Argelia, Túnez y los demás países francófonos, España a América Hispana, el Reino Unido a los Estados Unidos y la Commonwelth, pero corresponde a Alemania la función de núcleo aglutinador.

En todas las unificaciones políticas hay un pueblo (Castilla, Inglaterra, Prusia, Roma,...) que aporta el dinero, el impulso integrador, la organización administrativa, la estructura del ejército y la lengua común En Europa hemos de reconocer a Alemania su misión motora, tanto al este como al oeste de la Unión, una labor que se terminará por reflejar en el uso preferencial del idioma alemán en el continente. Todos sabemos que el Euro es el Marco alemán con un ligero toque parisino, y tras la ratificación del Tratado Constitucional, la Unión comenzará a asumir una cierta estructura de "Bundes", como culminación de la "Zollverein" sofisticada en que ahora estamos. (Art. 23 del TCE, antiguo Art. 9). Cuanto antes seamos conscientes del proceso en el que estamos y lo asumamos, más fácil será llevarlo a la práctica y antes llegarán los beneficios que se deriven de ello.

El núcleo de la Unión

La restauración de la unidad alemana solo puede lograrse por la incorporación de toda la Europa del Este en una Federación Europea occidental o la absorción de toda Europa por el imperio comunista.
Christopher Dawson, Understanding Europe. 1952. Cap. IV p.82

El problema alemán era inseparable del problema europeo y los dos sólo podían resolverse en un sistema de organización federal.
Christopher Dawson, Understanding Europe. 1952. Cpa. IV. P.81

El primer paso en la recreación de la familia europea debe ser una asociación entre Francia y Alemania.
Winston Churchill, Zurich, 19 septiembre de 1946

En la nueva Unión ampliada es fácil distinguir el núcleo y la periferia. La columna vertical de la Unión, como se ha repetido insistentemente es el eje París-Berlín, pero el núcleo es Alemania. La Alemania anterior a Bismarck reproducía en gran medida la situación europea de entonces. No pocas voces declaraban esos días que la solución del continente pasaba por solucionar "el caso alemán". Como fue el caso de Europa desde la caída del imperio romano y todavía ocurre en Sudamérica, el territorio germano se veía fraccionado en numerosas unidades políticas independientes que compartían una misma cultura y una misma lengua. Se podían diferenciar tres zonas y tres tendencias: Austria, con su tradición cosmopolita, aristocrática y multinacional, heredera del sacro imperio; Alemania Occidental, con una herencia típicamente burguesa, republicana y federalista, admiradora de la ilustración, y una Prusia, disciplinada y militarista, inclinada al absolutismo. El segundo *Reich* fue el resultado del triunfo del modelo prusiano sobre las otras dos opciones, mediante la imposición por la violencia del Canciller de Hierro. Al intentar llevar el modelo al continente se llevó a Europa a un periodo de conflictos que culminó con la paz de Versailles. Una paz injusta con Alemania, al imponer unas reparaciones de guerra que, como demostró Keynes, eran inasumibles e insostenibles por ruinosas. Recordaban las impuestas por Roma a Cartago, con la clara intención de erradicar al vencido de la historia.

El tercer Reich fue un rehacer el modelo militarista prusiano incorporando las aspiraciones imperialistas Austriacas. A ello se añadió un fuerte resentimiento revanchista respecto a Versalles. El resultado fue aún peor que la vez anterior y Europa y Alemania con ella, volvieron a pagar el error. El intento de Yalta y Potsdam fue conseguir una Europa sin Alemania. Pero la gran visión de Churchill comprendió que, sin Alemania, Europa carecía de sentido. El nuevo intento, con Prusia perdida en el este, se realizó sobre la base de una Alemania del Oeste federal y democrática. La solución definitiva ha sido una Alemania reunificada bajo el modelo occidental y dentro de una Europa Unida. Es la Bundesrepublic la que sirve de modelo a una Unión Europea de la que constituye su núcleo.

La función del núcleo es ejemplarizante y aglutinante. Frente a él, la periferia articula a Europa con el más allá de sus fronterasy es desde esa dialéctica entre el núcleo y la periferia desde la que podemos comprender algunas de las polémicas que se establecen dentro de la Unión, y entender el resultado de alguno de los referenda. Debiendo añadir que hay dos Francias, con dos visiones de Europa, una central y otra periférica.

Una vez más, el núcleo pone el modelo administrativo, el impulso unificador, la financiación y deberá contribuir con el armazón del ejército. Si verdaderamente queremos llegar a tener un ejército europeo, éste no será posible sin Alemania. No estaría de más considerar que, tras enterrar definitivamente los rescoldos de la segunda gran guerra, el idioma alemán fuese ese segundo idioma común que la Unión necesita para comunicarse interiormente. No hace falta releer a Don Elio Antonio de Nebrija para comprender la importancia de afrontar cuanto antes el problema del idioma con valor y generosidad. Conviene recordar que el abandono del latín propició la quiebra final de Europa en estados nacionales.

El problema es decidir ese idioma. La primer duda es si el idioma común debiera ser un idioma artificial, como el esperanto o interlingua, o si debiera ser uno de los idiomas oficiales de alguno de los países miembros. Un idioma artificial tendría la doble ventaja de ser neutro, no favoreciendo a los nacionales de ningún país, y sería más sencillo de aprender, dado que las gramáticas artificiales son totalmente regulares y sencillas, la fonética es fácil y las palabras tienden a utilizar raíces comunes a varias lenguas. Por otro lado, un idioma natural aportaría el acceso a la cultura del país de origen y tendría la ventaja de ser ya conocido por decenas de millones de hablantes. Sabemos que la mejor forma de aprender un idioma es por inmersión y la mejor inmersión se logra viviendo en un país donde se habla ese idioma, pero en ningún país se hablan los idiomas artificiales.

Debemos limitarnos al ámbito europeo, así, el español es un idioma internacional, uno de los idiomas oficiales de la ONU, pero en Europa, el español tiene tantos nativos como el polaco. Tampoco son tantos los nativos que hablan el inglés como idioma materno en Europa. Es más, tras medio siglo de ocupación soviética de medio continente, es posible que sea el ruso el idioma más hablado en el continente como segundo idioma. La tradición histórica demuestra que los idiomas que de forma natural se imponen suelen ser idiomas centrales, dado que lo más natural es aprender la lengua de los vecinos y el centro suele ser quien más vecinos le rodean. En las anteriores unificaciones europeas a nivel nacional, fueron Castilla, Toscana o L'ille de France quienes impusieron de modo natural sus respectivas lenguas.

En el caso europeo, sería natural que fuese el alemán el idioma adoptado como segundo idioma común, dado que:

- Es el idioma de Europa central.
- Se habla por la mayor comunidad lingüística de Europa, con más de 90 millones de hablantes del alemán como lengua materna.
- Se habla por diversas comunidades en países limítrofes de Alemania y Austria. Hay comunidades germanoparlantes en Holanda, Hungría, Polonia, Chequia, Suiza, Francia e Italia.
- Ha sido el idioma secundario tradicional del este de Europa hasta la segunda guerra mundial.
- Habría que exigir que la lengua seleccionada sea de fonética unívoca, que no se de el caso de que un mismo signo tenga más de una interpretación fonética según donde se encuentre, como es el caso de la "u" inglesa en *cute, cut, put, tough, though, trough.*

Es otra de las razones por las que el alemán debiera ser preferido al inglés.

- Otro criterio a tener en cuanta es la facilidad fonética. Frente a la dificultad de las vocales inglesas, el alemán tiene un número reducido de vocales inconfundibles.
- El inglés es un excelente idioma comercial, pero el alemán, además, posee una gran capacidad metafísica. Los europeos no debemos limitarnos a comprar y vender, tenemos que ser capaces de pensar con profundidad y trancendencia. No conozco ninguna buena traducción de Hegel.

La alternativa del inglés, que en Europa, como lengua materna, es un idioma marginal, resulta ser el más hablado como segunda lengua en el mundo, ha de ser considerada seriamente, pero desde una perspectiva de futuro, el alemán irá ganando peso en Europa. El resto de los idiomas europeos, por importantes que sean en el mundo, como son los casos del español y del francés, hay que reconocer que en Europa, como lenguas maternas, son todos marginales. Dado que el inglés es de hecho la lengua internacional, al ser la más hablada como segunda lengua, debiera potenciarse como la otra candidata a lengua oficial de la Unión.

La privilegiada posición del inglés se debe gracias a la posición hegemónica de los EE.UU. desde la segunda gran guerra. Pero hemos de tener en cuenta que hablamos del futuro y en el futuro podría llegar a ser el castellano el idioma más hablado en Norteamérica, de momento ya hay censados más de cuarenta y dos millones de hispanos residentes en los EE.UU. La política lingüística europea debiera elaborarse con independencia de lo que ocurra en los EE.UU. y atendiendo a nuestros intereses.

Cuando una comisión europea, con ciudadanos de diferentes paises, esté negociando con, pongamos un ejemplo, un grupo de japoneses, hablaremos con ellos en inglés, pero cuando ellos se pongan a hablar en japonés entre ellos, nosotros debieramos de ser capaces de hablar entre nosotros en alemán. No se trata de lo que hablamos o dejamos de hablar nosotros ahora, se trata de lo que queremos que hablen nuestros hijos en el futuro, para que se puedan entender entre ellos en la comunidad comunicativa que estamos construyendo.

La decisión entre el inglés, interlingua o alemán podría consensuarse en el Consejo o dejar cierto grado de libertad para que cada país proponga con total independencia su segundo idioma, hasta ver cual se impone de forma natural, con el acuerdo de que ese será el que se adopte oficialmente para todos. Sería importante que, como primer paso, el Art. 290 del TCE se modificase, a fin de que la política lingüística pudiese ser decidida por el Consejo por mayoría cualificada (doble mayoría) y codecisión parlamentaria, eliminando el actual requisito de unanimidad y, con ello, cualquier tentación de bloqueo chovinista. Y como en el voto de los miembros del comité olímpico donde nadie vota por su país, que nadie pueda votar a su propio idioma materno. La primera opción sería la más radical y expeditiva: decidir ya un segundo idioma común. La segunda opción daría una decisión más reposada. Lo que si procede es que se limiten el número de idiomas oficiales antes de que se produzca la próxima ampliación. De no hacerlo, serán precisos más traductores que parlamentarios[105].

Otro aspecto del problema es cómo compaginar la racionalización lingüística con la libertad y el derecho de cada ciudadano de poder expresarse en su lengua nativa. La solución es técnica. El dilema se resolvería potenciando el desarrollo de traductores automáticos de tecnología más avanzada, tanto escritos como dotados de analizadores fonéticos y sintetizadores de voz, que para simplificar, tendrían que focalizarse sobre una única lengua pivote. También sería pertinente la creación de un servicio telefónico de traducción simultanea, que permitiese utilizar los teléfonos móviles para hablar, en una emergencia, con cualquier interlocutor que también disponga de un móvil.

Una solución inmediata sería la de dejar a cada parlamentario expresarse en su propio idioma pero traduciendo las intervenciones únicamente a los idiomas oficiales, dado que siempre es más difícil expresarse en un idioma extranjero que entenderlo.

---

[105] Las combinaciones de 28 elementos tomados de dos en dos son 756.

Parece evidente que los ciudadanos europeos terminaremos hablando posiblemente cinco lenguas: la propia, la del país de residencia, el inglés para hablar "con los extranjeros": hindúes, australianos, norteamericanos, japoneses... el alemán se utilizaría para hablar entre los europeos y Java u otro equivalente para comunicarnos con las máquinas. Pero a nivel oficial y administrativo, habría que afrontar y resolver el problema lingüístico reduciendo el número de idiomas oficiales y trazando un plan a medio plazo que oriente hacia un mismo segundo idioma común que, por volumen de hablantes, consistencia fonética, potencia cultural y posición central, bien pudiera ser el alemán.

Europa debiera seleccionar cuanto antes *una única segunda lengua común a todos los europeos,* pero en una primera fase podríamos asumir reducir el número de idiomas oficiales. Una opción transitoria sería la de fijar tres idiomas oficiales por institución comunitaria, agencia o instituto europeo: el alemán, el inglés y el idioma del país donde esté ubicada la institución. Lo cual satisfacería las aspiraciones francesas al hacer oficial, por esa vía, al francés en las principales instituciones europeas, dado que se encuentran en territorios francófonos. Esta política permitiría a todos los europeos trabajar en su propio idioma en alguna agencia comunitaria local.

La política lingüística podría incluir: Transmitir las películas de las TV europeas en versión original con subtítulos. Obligar a todos los universitarios a cursar un año en otro país y establecer programas de intercambio de funcionarios públicos entre países. La política lingüística deberá ser apoyada por una política educativa que, en virtud del Art. 149, apartado 2, primer párrafo, facilite *de facto* la enseñanza del alemán y del inglés de forma generalizada en la enseñanza secundaria, en una primera fase, para pasar a que sean materias obligatorias en toda la enseñanza primaria, en todo el territorio de la Unión, en una fase posterior. Las naciones europeas han de tener en cuenta que asumir un idioma común no es renunciar al propio, que todos las lenguas europeas están salvaguardadas al amparo del art. 151 del TCE, se trata de acordar que todos elegiremos un mismo idioma común al estudiar una segunda lengua.

El problema con el alemán es que gran número de alemanes siguen acomplejados con la segunda guerra mundial y han aprendido a hablar con facilidad el idioma de los vencedores. Es hora de que se lancen a defender su propio idioma con entusiasmo, sería una buena contribución al patrimonio cultural de Europa. Al margen de lo que se decida comunitariamente, el gobierno español debiera negociar con Alemania un acuerdo bilateral por el que ambas naciones favorecerán la enseñanza del idioma de la otra y fomentaran los intercambios masivos de profesores y alumnos entre los dos países.

¿Dónde están las fronteras de Europa?

En paralelo con definir la identidad europea, identificar el núcleo de la Unión y elegir un segundo idioma común, hay que considerar los límites de la Unión Europea. Si la misión de Europa tiene una proyección universal, habría que pensar en un horizonte que permita ver más allá de la ampliación inmediata y resuelva los problemas organizativos que una Unión sin fronteras delimitadas plantea y seguirá planteando con cada sucesiva ampliación. Podríamos analizar el problema fronterizo de Europa considerando que hay que fijar un límite, Europa no pude crecer *at infinitum*. La Unión Europea, como comunidad comunicativa que es, debe compartir un conjunto de valores, tales como la democracia, el respeto a la ley, el respeto a la dignidad del ser humano, la defensa del estado de derecho, la solidaridad entre sus pueblos y sus gentes, el deseo de justicia, el respeto a los derechos humanos y las libertades... y quien no los comparta no debiera ser miembro. Es más, quien deje de compartirlos debiera poder ser expulsado de la Unión por unanimidad de los otros miembros. El reto es encontrar una solución definitiva, sólida, operativa y global que sin poner límites a futuras solicitudes de ampliación que pudieran ser de interés en su momento, no arriesgue lo ya logrado diluyendo la identidad europea. Pero habría que ir considerando alternativas posibles y diseñar ya un mosaico final tentativo que, sin necesidad de hacerlo rígido e inamovible, sirva de guía a la política exterior de la Unión.

Europa debe reflexionar sobre su identidad y sobre su misión, sobre lo que es y sobre lo que quiere hacer, sin cortedad de miras, pero sin embarcarse en una expansión desbordante que, además de suscitar envidias y recelos, incluso entre sus más naturales aliados, la condene a la parálisis operativa y al colapso por éxito. Ni consideraciones históricas ni geográficas definen una clara línea delimitando una Europa que se diluye hacia el Caúcaso y que se sumerge hacia el Atlántico emergiendo aquí y allá. Queda el criterio de los valores comunes. La cuestión reside en si, una vez definidos y asumidos los valores comunes, debemos de discriminar a los posibles candidatos por algún otro criterio. Surgen aquí tres consideraciones que debieran sopesarse al decidir si un determinado estado debiera o no ser miembro de la Unión Europea: la gobernabilidad del conjunto, la dispersión geografía, la historia, el coste de su incorporación y el valor geopolítico del candidato. Como en alguna ocasión afirmó Romano Prodi, "Un candidato ideal como miembro de la Unión Europea es Nueva Zelanda, pero la geografía no lo permite".

El criterio de la gobernabilidad es determinante para definir el número máximo de miembros, pero la capacidad de gestión dependerá del tipo de instituciones y del grado de descentralización que se decida. Debiera ser al revés, que sea el número de miembros deseables el que determine el tipo de instituciones, su estructura interna y tamaño, así como el grado de descentralización operativa que aseguren la gobernabilidad de las partes y la coordinación del conjunto.

El criterio geográfico puede resultar una auto limitación artificial e improcedente, siendo tan importante el criterio histórico. Supongamos que el imperio romano hubiese sobrevivido hasta el siglo XIX, no tendríamos dudas de que la Unión abarcase todo el Mediterráneo en ambas orillas. La geografía invita a la unión de todo el Mediterraneo, pero la historia lo desgarró en tiempos de Carlomagno. Habría que restañarlo. El punto que quiero hacer considerar es que, al hablar de compartir destinos y acometer proyectos comunes, la historia es más importante que la geografía.

Considerar a Europa como un continente es ignorar la tesis de Pirenne[106], según la cual, son los mares y no la tierra firme lo que geográficamente

[106] Henry Pirenne, Mohammed and Charlemagne. G. A. & Unwin Ltd. Londres, 1939 The Mediterranean: Medieval Cities:Their Origins and the Revival of Trade. P.U.Press, Princeton,1925

condiciona las relaciones comerciales y culturales que más han contribuido a fomentar el intercambio, la cooperación y la prosperidad de las naciones. Roma era el Mare Nostrum, los países escandinavos son el mar Báltico y la franja más septentrional del mar del Norte, Polinesia es el Pacífico, España y Portugal fueron el Atlántico y no se pueden entender sin el mar ni a Japón ni, mucho menos, al Reino Unido. No hay duda de que, fundamentalmente, hoy Occidente es el Atlántico Norte. Europa no puede dejar de pensar en el mar, razón por la que no puede renunciar y menos cerrar sus puertas a posibles incorporaciones por el oeste a la Unión Europea como podría ser el caso de Islandia.

La historia europea, desde Fenicia, Grecia, Cartago y Roma, siempre fue una historia marítima prolongada por España, Portugal, Holanda e Inglaterra. Hasta Rusia ha condicionado su historia por buscar una salida al mar. Su última invasión de Afganistán era su camino hacia el Indico. Y Alemania perdió la segunda gran guerra en la batalla del Atlántico cuando, tras el hundimiento del Bismark, la neutralización de la flota francesa de Vichy en Mers el Kebir, eliminando toda opción de poder reforzar con ella a la alemana y descifrado el código de los submarinos, perdió el control de las rutas trasatlánticas. Incluso la campaña del Este hubiese sido diferente, si Rusia no hubiese contado con los suministros aliados que le llegaban por mar y no se hubiese abierto el tan ansiado por Estalin *segundo frente* con los desembarcos de Sicilia y Normandía. También hubiese sido otra la fortuna del África Korps de haber controlado el Eje el Mediterráneo. En la frontera del oeste, el Atlántico Norte es vital para los intereses de la Unión Europea. Además de asegurar la paz en el Mediterráneo, Europa tiene que mirar al Atlántico y afianzarse en él, de la misma manera que los EE.UU. de América se han afianzado en le Pacífico.

Al tratar del futuro debiéramos ser creativos y, partiendo de la actualidad, analizar las posibilidades y ver lo que interesa, es decir: asumir un análisis geopolítico sobre la base de los objetivos y si los objetivos son la paz y la seguridad, interesa asegurar las fronteras y crear zonas de seguridad en torno a esas fronteras por tierra y mar.

Hay que evitar que se descarten opciones *a priori* sin mayor reflexión, por cuestiones de darlo por hecho o prejuicios de cualquier tipo. Cuando las ex-colonias inglesas del nuevo continente constituyeron los Estados Unidos de América, seguro que no pensaron en que un día Hawai sería un estado de la Unión que acababan de crear.

Habría que no cerrar el tema de las fronteras definitivas a cal y canto, a fin de no renunciar a posibles candidatos que pudiesen interesar en algún momento futuro. Habría que estudiar cada caso según se pueda ir planteando la posible incorporación de un nuevo miembro sin prejuicios, pero ello no impide que hagamos algunas consideraciones sobre los límites potenciales de Europa y fijar objetivos territoriales coherentes con la misión que se fije para Europa

Los límites de Occidente

> *"Human rights are universal"*
> *Los derechos humanos son universales*
> Nicole Fontain, discurso al Consejo Europeo de Helsinki el 10 de Diciembre de 1999,".

Al parecer, según afirman los entendidos basándose en las observaciones filológicas y genéticas que manejan, la identidad Indoeuropea se forjó junto al Caspio. Desde allí, la emigración indoeuropea al este y al oeste determinó los conceptos de oriente y occidente que hoy manejamos, al marchar los unos dándoles la espalda a los otros. Mientras que los que iban en el mismo sentido entrecruzaron sus caminos, los que marcharon en direcciones opuestas se reencontraban, esporádicamente, enfrentándose irreconciliables en cruentas guerras. Mientras que el remoto oriente quedaba distante y ajeno (salvo durante las avalanchas de Hunos y Turcomanos), el oriente cercano, indoeuropeo y vecino, forma parte de la historia de Europa como "los otros", quienes frecuentemente aparecen como "el enemigo". La identidad de lo que hoy llamamos Occidente se va fraguando en su diferenciación y enfrentamiento con esos "otros" pertenecientes al Oriente.

Nos reconocemos en los otros por nuestras semejanzas y nuestras diferencias, por lo que somos y lo que no somos pero pudimos haber sido. Las distintas formas de ser hombre no nos son estrañas pero nuestra propia identidad se nos muestra en las diferencias con los demás.

Conocemos mejor lo que somos cuando descubrimos en los otros lo que pudiendo haber sido no somos. Entre las diferencias entre Oriente y Occidente destaca la distinta percepción de la libertad. Dos aspectos destacables de esta diferencia son el absolutismo despótico y el fatalismo. Frente a esos aspectos típicamente orientales, son característicos de occidente la democracia y el libre albedrío, fomento del individualismo y de la responsabilidad personal.

Si hay un momento histórico en el que se delimitan claramente el oriente despótico persa y el occidente democrático griego, ése es la batalla de las Termópilas, en la que Leónidas, siendo espartano, lucha en inferioridad de condiciones por defender la democracia ateniense. Habría que hablar largo y tendido sobre los héroes de las Termópilas, pues no sólo sabían que iban a morir, sino que estaban convencidos de su condenación eterna por luchar en los días sagrados de la Carneia y, a pesar de eso, lucharon por los ideales por los que se empezaba a diferenciar la Grecia clásica, como cuna de Occidente, del Oriente. Cuando los cruzados o los *mujaidines* se enfrentan a la muerte en batalla lo hacen convencidos de que si mueren irán al Paraíso, pero los soldados de Leónidas lucharon en la creencia de que por su acción irían al infierno. No puedo pensar en un heroísmo mayor. En definitiva, Europa, cuna de un Occidente nacido en las Termópilas, es el triunfo del individualismo frente a la masificación, el predominio de la identidad personal frente a la colectiva. Lo cual genera una ética personal, una responsabilidad indelegable, una conciencia sensible a la culpa y un espíritu crítico personal frente a la presión social.

Cicerón opinaba que "*aunque Ciro, el famoso rey de Persia, fue muy justo y sapientísimo, aquella forma del pueblo no me parece que fuera muy de desear, por depender del imperio y disposición de uno solo*[107]". Mientras que "*si los pueblos saben mantener integro su derecho, niegan que pueda haber algo más glorioso, más libre y más afortunado, puesto que entonces son señores de las leyes, de los juicios, de la fuerza, de la paz, de los tratados, de la vida y de la fortuna de cada cual*[108]". Frente al despotismo oriental uniformador, el espíritu europeo se caracteriza por el individualismo y la diversidad, la afirmación de la propia identidad mediante la aceptación

[107] Cicerón, De Republica. Libro I-43.

[108] Ciceron, o,c. Libro I-48.

del otro como otro. Frente al determinismo, se afirma la libertad, garante de la responsabilidad individual.

Occidente se fragua en Grecia, en su lucha por la libertad frente al absolutismo persa. Tras su paso de Grecia a Roma, los valores clásicos se infunden de cristianismo, pasando a los godos y por ellos son trasmitidos a los polacos, magiares y fineses. El Principado de Kiev recibe con el príncipe Vladimir la tradición cristiana de mano de Bizancio y Moscú se convierte en la tercera Roma. Los cruzados intentan una y otra vez llevar por las armas las ideas cristianos al Islam por las antiguas rutas de Bizancio, pero son finalmente derrotados primero por Saladino y finalmente por los turcos en Nicópolis y Varna. Sellada la expansión al Este, el espíritu de Occidente cruzará el gran océano para implantarse en América y por la ruta de la buena Esperanza, llegará a Australia, Filipinas y Nueva Zelanda. Quedando así delimitado el ámbito de occidente entre Australia y Rusia, pasando por las Américas y el resto de Europa.

Los límites de Europa

El artículo I-1,2 del Tratado Constitucional afirma que "La Unión está abierta a todos los estados europeos[109] que respeten sus valores y se comprometan a promoverlos en común", pero no dice que esté cerrada a nadie. Como ya hemos señalado, ni antes los tratados, ni ahora la constitución definen qué es Europa ni especifican que no puedan formar también parte de la UE otros países que cumplan con esas mismas condiciones aunque no fuesen europeos, por lo que el citado artículo no resuelve la cuestión. Ya que cabe una lectura de ese punto de los tratados por la que, teniendo los estados europeos el derecho a ser miembros de la Unión si cumplen con las condiciones, no se niega la posibilidad de ser miembros a quienes no sean europeos.

Por otro lado, la Unión Europea se ha definido como un ámbito de libertad. Todo ámbito de libertad es inestable en tanto no sea universal y esté consolidado de manera que, junto a la libertad, se aseguren la seguridad y la justicia. No se deben ignorar los rasgos culturales, esos

[109] Punto al que podrían acogerse tanto Ucrania como Bielorrusia, Moldavia o la propia Rusia.

rasgos que perfilan lo que Europa es como comunidad cultural, pero no se debe excluir a nadie de una unión con vocación universal, una vocación que está implícita a su propia concepción como ámbito de libertad, seguridad y justicia. Arduo dilema. La necesidad intrínseca de universalización de los ámbitos de libertad tiene dos cauces posibles: la expansión indefinida de un único ámbito de libertad o la articulación de diversos ámbitos de la libertad entre sí en una estructura superior que los armonice. En el primero de los casos se corre el peligro de pérdida de coherencia interna y disolución de la identidad, con riesgo de ingobernabilidad y de generar tensiones en todo aquel que no se sienta plenamente identificado con el proyecto en curso o lo vea como una amenaza a sus intereses o un atentado para su identidad.

El segundo modelo resuelve ambos problemas, si bien debiera prestarse especial atención a la articulación de las fronteras entre ámbitos distintos y, muy especialmente, al tipo de permeabilidad del que dichas fronteras se doten. No debemos olvidar que un componente básico de la libertad es la libertad de movimientos. Otro problema, determinante del anterior, radica en definir el grado y tipos de diferencias tolerables entre ámbitos de libertad yuxtapuestos. Cuatro son los principales tipos de diferencias: Políticas, culturales, sociales y económicas. Una organización de ese tipo requerirá políticas que, por un lado tiendan a reducir las diferencias fomentando los intercambios, y por otro, fomenten la tolerancia por esas diferencias manteniéndolas.

La solución china de aislarse del resto del mundo mediante una muralla no es hoy viable. Un paso intermedio, es el que todo ámbito de libertad desarrolle la conciencia de la necesidad de dotarse de un cinturón sanitario de otros ámbitos de libertad en torno a él. La solución del cordón sanitario, si se lograse, no deja de ser una solución parcial, pues las zonas periféricas tienen sus propias fronteras exteriores y garantizar la seguridad fronteriza de las zonas de seguridad adyacentes será un compromiso difícil de eludir. La experiencia de la Unión Europea muestra como países que fueron seculares enemigos, como es el caso de Francia y Alemania, pueden participar con éxito en un proyecto común de calado internacional. También enseña la importancia de institucionalizar el diálogo y la argumentación racional.

Siguiendo los pasos de la UE, se podría pensar en iniciar otros procesos en otras regiones del mundo como proyectos de unión económica, para ir profundizando en lo que proceda ir haciendo juntos en otros campos, teniendo claro, desde el inicio, tanto el principio rector del proceso: la renuncia explícita a toda acción de dominio, como el objetivo final de llegar a crear un área de libertad, seguridad, justicia y paz para todos: universal.

En la articulación de todo ámbito de libertad con sus vecinos, serán de gran importancia los individuos y pueblos que puedan actuar como bisagra entre ambos, aquellos que perteneciendo a una zona se sientan identificados de alguna manera con los habitantes de la otra. Sea por sus orígenes, por lazos familiares, por estudios o por largos periodos de residencia.

Ante la pauta universal que un ámbito de libertad exige, una solución al dilema del equilibrio entre la tensión universalizadora y las exigencias de controlar la complejidad orgánica y preservar la identidad en la diversidad sería que el crecimiento posterior se planificarse *fractalmente*, mediante otra estructura superior en la que la Unión se integre, como un todo, en una macroestructura organizada con otras federaciones regionales de estados, ya existentes o que puedan configurarse en el futuro, reconstruyendo, en el plano político, la unidad fundamental que constituye el planeta.

La frontera del Este

Al este encontramos la ampliación en curso de la Unión Europea, a fin de asegurar la reunificación de Europa y, al mismo tiempo, consolidar la seguridad en esa frontera. Pero la expansión no elimina la frontera, sino que la desplaza, creando una nueva frontera, y una nueva periferia, abriendo una nueva incógnita sobre ¿hasta dónde habrá de seguirse en futuras ampliaciones? Con cada ampliación se dilata la frontera, con lo que se debilita, se introduce mayor heterogeneidad que diluye, aún más, la identidad común y se incorporan nuevos problemas (por ejemplo, la incorporación a la Unión Europea de Bulgaria aportará el problema de la central nuclear de Kozludu, la de Estonia y Lituania vienen con el problema de las minorías rusas y la vulnerabilidad de la refinería de Mazeikiai a los cortes de suministro rusos, Rumania traerá las tensiones sociales de las minas del valle del Jiu, Hungría viene con las numerosas mafias húngaras y los problemas de integración de la minoría rumana. Chequia aportó el problema de la minoría "roma" y Chipre el problema de la división entre las minorías turca y griega, Turquía vendría con el problema kurdo, la amenaza latente del fundamentalismo religioso y los problemas hidráulicos con Irak. Tarde o temprano será necesario establecer zonas de seguridad al este y sureste que no formen parte de la Unión.

Está la largamente dilatada y polémica incorporación de Turquía, miembro de la OTAN desde antiguo, miembro también del Consejo Europeo, OECD y OECE. ¿Cuál debiera ser la frontera definitiva de la Unión Europea por el este? La alternativa de que tanto Rusia y Turquía pudieran, algún día, formar parte de la Unión exigiría tener que contar también con Ucrania, la República Moldova, Bielorrusia y alguna de las repúblicas del Caúcaso, incluso todas. Alternativamente, cabria considerar la posible incorporación de esos países sin que llegaran a hacerlo ni Rusia ni Turquía.

El debate público realizado con motivo de la convención constitucional ha revelado múltiples reservas entre la opinión pública europea respecto a la entrada de Turquía que cristalizaron en las desabridas declaraciones del Presidente Giscard descartando a Turquía y que fue un importante ingrediente del No francés a la Constitución por vincular en la campaña del referéndum la entrada de Turquía con la Constitución. Turquía podrá entrar o no en la UE, con o sin Constitución. Tanto por su tamaño como por el componente asiático, la entrada de Rusia en la Unión Europea presenta importantes retos, pero, geopolíticamente, si Europa aspira a ser un partícipe importante de la comunidad mundial, la interesaría ser *bioceánica*. No debemos sufrir vértigo geográfico y debiéramos hacer el ejercicio de contemplar por un momento, sin prejuicios, un mapa de Europa que cubra del Atlántico al Pacífico.

En cualquier caso, por su importancia y singularidad, hay que estudiar con especial interés, con toda la dificultad que implican su tamaño, disparidad, pluralidad y complejidad, las opciones de cooperación con

Rusia y Turquía. Una cuestión no menor, es determinar si compartimos con ellos unos *principios comunes* y unos *valores característicos,* que ya vimos ser rasgos identificativos de toda comunidad comunicativa y, por consiguiente, constituyen requisitos previos para constituir una comunidad comunicativa eficaz.

Rusia

A pesar de lo dicho por Prodi sobre detener la frontera y finalizar la ampliación con la incorporación de Bulgaria y Rumania, es de esperar que Rumania abogue por Moldavia. Es también de esperar que Polonia, tarde o temprano, pondrá en la agenda europea la posibilidad de incorporar a Ucrania, reingertando la amputación de la que fue víctima en Yalta, o la propia Ucrania lo solicite en virtud del tan citado Artículo I-1,2 de la constitución. Tanto Hungría como Bulgaria, Rumania, Alemania y Austria, junto con los estados yugoslavos que en ese momento formen parte de la Unión, apoyarán, previsiblemente, la propuesta y el resto de países miembros posiblemente no lo vean mal. Pero, ¿es posible incorporar a Ucrania sin incorporar a Rusia? ¿Puede Rusia renunciar al "Principado de Kiev", cuna de la patria rusa? ¿Puede Rusia olvidar a los millones de rusos que forman parte de Ucrania? ¿Puede renunciar a disponer de un expléndido puerto aliado en el Mar Negro, para su flota del sur? ¿No va siendo hora de que la historia haga justicia a los esfuerzos de Pedro el Grande y se le proporcionen a Rusia puertos adecuados? No hablemos de San Petersburgo ni de Odessa o Sebastopol, sino de Hamburgo y Ámsterdam, de Marsella y Estambul. ¿Queremos tener en Kalingrado un nuevo Dancin? ¿Podría Europa vivir tranquila con una Rusia resentida e insegura como frontera? Rusia tiene que saber que la Unión Europea es su Aliado natural y su esperanza.

A Rusia habría que asegurarle, cuanto antes, que la Unión Europea cuenta con ella. Tanto Rusia, como Turquía y España, son países que pudiendo haber sido asiático el primero, oriental el segundo y africano el tercero, eligieron ser europeos. Rusia optó por Europa con el bautismo del príncipe Vladimir, reafirmándolo con Pedro I y Catalina la Grande. La Gran Casa Europea de Gorvachov es la ratificación reciente de la voluntad de Rusia de ser europea. Turquía optó con Ataturk por Europa y España lo hizo en las Navas de Tolosa, logrando que Africa no empiece en los Pirineos. No se les puede negar a ninguno de los tres el deseo de ser europeos. La opción de ser europeos es una opción a la que tienen derecho porque se la han ganado por propia voluntad y esfuerzo. No olvidemos que Moscú es, tras Bizancio, la tercera Roma. Asimilar a Rusia dentro de la Unión Europea sería difícil de no ser imposible, tanto por su tamaño como por su diversidad. Tampoco es cuestión de pensar en una división de Rusia que facilitase la integración de la parte europea en la Unión tras desprenderse de los territorios asiáticos.

Si bien Rusia no está en condiciones de adhesión, sería conveniente elaborar un plan que abra vías de estrecha colaboración mediante una alianza permanente e institucionalizada. Una vez resuelto el estatus de Kalingrado, tras la incorporación de los países bálticos y con Polonia en la Unión, Rusia se ve dividida por el territorio de la Unión y vecina de una enorme potencia. La incorporación de Rusia sería algo natural en esas circunstancias, pero tanto el tamaño como la componente asiática de Rusia son serios inconvenientes para su asimilación, tanto en términos políticos como económicos y sociales.

Al igual que los países del este europeo, la Rusia europea podría llegar a incorporarse a la Unión Europea por propio derecho en virtud del Articulo I-1,2. Por supuesto que la integración de Rusia, de la Rusia europea, de llegar a hacerse, no sería cosa de pocos años. Enormes problemas han de ser resueltos, como la pacificación y estabilización de sus fronteras, asegurar la seguridad de sus centrales nucleares y otras instalaciones y zanjar el problema chechenio. La tensión de una frontera entre una Siberia desértica y una China superpoblada no deja de ser de un potencial preocupante. Llevará posiblemente décadas para que Rusia pueda cumplir con todas las condiciones de Copenhague y de Helsinki. Pero. ¿qué ocurriría si las llegase a cumplir? Con independencia de que se llegasen o no a integrar como país miembro, habría que ayudándoles a trabajar y progresar desde ya en el sentido de su convergencia con la Unión y formular la forma de una eventual asociación muy estrecha.

De mantener la unidad trans-ural, la integración como un estado más de la UE es más que difícil de considerar, pero Rusia podría, como alternativa, llegar a formar su propia unión regional con Bielorrusia,

Ucrania, etc. Las elecciones en esos países muestran como se reparten los afectos de esos pueblos entre Europa y Rusia. Si bien, dado que la disolución de la URSS es muy reciente, podrían presentarse reticencias entre la población a una nueva confederación regional entre repúblicas ex-soviéticas, salvo que ello fuese un paso dentro de un programa de unión con la Unión Europea en torno a una Confederación del Mar Negro. Otra opción es que las antiguas repúblicas islámicas soviéticas podrían formar parte de una Gran Unión Turca con mejor éxito y menores tensiones que su reincorporación a una unión con Rusia, al gozar de una mayor identificación cultural entre ellas.

Ahora bien, si no le es posible integrase como estado miembro de la Unión Europea, Rusia se podría vincular como estado asociado o, mucho mejor, llegar a formar una confederación entre la Unión Europea y Rusia, una Rusia ampliada o no.

Hemos de tener en cuenta los ya numerosos programas de cooperación entre la Unión Europea y Rusia, como The Nordem Dimension Actinon, TACIS, ECHO, Consejos de Cooperación, Comités de Cooperación, como el "EU-Russia parlamentary cooperation committee" y la creciente cooperación en la OTAN, mediante el NATO-Russia Council y el Partnership. La institucionalización de las relaciones de la Unión Europea con Rusia debieran culminar en la creación de una ***Confederación del Mar Negro***.

El caso turco

La gran pregunta es si Turquía pertenece a Occidente o si, por el contrario, le pone límite. Históricamente, Turquía no es Occidente, pero la Turquía moderna está bastante occidentalizada. Por otro lado, Anatolia fue sede de numerosas colonias griegas, fue parte del Imperio Romano y más tarde, Bizancio luchó desde ahí contra el imperio Sasánida y contra los árabes y los turcos defendiendo los ideales de Occidente. El problema con Turquía no es religioso, surge de la diferencia de concepciones, de culturas, debida a largos siglos de vivir separados, a la falta de convivencia. Produciéndose la ausencia de esos estándares de valor de los que Habermas habla como necesarios en toda comunidad comunicativa. Mantener a

Turquía fuera de la UE facilitará la comunicación y coherencia interior de la Unión, pero evitará desarrollar vivencias comunes con Turquía que, a partir de ahora, fuesen disipando las discrepancias. Integrar a Turquía dificultará la comunicación interna al disminuir la comunión de valores y arquetipos, pero permitirá ir desarrollando vivencias comunes mediante una convivencia más estrecha, lo que facilitará el desarrollo de estándares de valor comunes que asegurasen una comunicación fluida en el futuro. La convivencia en la OTAN ha demostrado que ello es posible. Por otro lado, el temor a una avalancha de turcos al continente tras la incorporación de su país hay que relativizarlo, ya hemos visto como la integración de un país frena las emigraciones de sus nacionales, pues crecen las esperanzas de trabajo y prosperidad local. Ocurrió con los españoles y los portugueses, está ocurriendo con los polacos y los húngaros, esperemos que ocurra con los búlgaros y los rumanos. ¿Por qué no habría de ocurrir con los turcos?

El problema cultural es real, pero también relativo. Todos los turcos que yo conozco, además de ser excelentes profesionales y brillantes cabezas, están totalmente identificados con la cultura occidental, hablan idiomas, viajan, conocen países occidentales y todos son graduados de Carnegie Mellon, MIT, INSEAD o METU. Sin embargo, he de admitir que se trata de una minoría y que la gran masa de la Turquía rural es otra cosa. El este turco es Oriente para los turcos occidentales, sociológicamente hablando.

Hemos de reconocer y valorar el enorme esfuerzo turco por acercarse a Europa. ¿Qué pensaríamos si nos pidiesen a nosotros que tenemos que cambiar de alfabeto y empezar a utilizar los caracteres árabes, cambiar de calendario y pasar del sistema solar al lunar, alterar nuestra fiesta semanal y pasarla del domingo al viernes, cambiar nuestro sistema métrico, cambiar nuestra legislación y constitución de raíces romano-germánicas y adaptarlas a la Sharia islámica, cambiar nuestra indumentaria y ponernos turbante?

Pues bien, todo eso (sólo que a la inversa) es lo que ya hicieron los turcos bajo el liderazgo de Ataturk para acercarse a Europa. Abandonaron el alifato árabe, adoptando los caracteres latinos; cambiaron su calendario, adoptando el gregoriano; cambiaron el descanso semanal del viernes al domingo, adoptaron el sistema métrico decimal y abandonaron al *sharia* para adoptar leyes tomadas de la Europa continental, inspirándose en la constitución Suiza y en el derecho civil Italiano, además de adoptar la forma de vestir europea. Ahora, están trabajando duramente en el cumplimiento de su National Programme for the Adoption of the Aquis (NPAA) y adaptando sus leyes a las de la Unión. Turquía ha dado pruebas, más que suficientes, de su vocación europea y está haciendo esfuerzos para cumplir con los requisitos políticos que Europa le ha marcado para poder iniciar la negociación. Pero el proceso de adhesión no es fácil. (Ver ANEXO F)

Defendemos una Europa integrada por estados modernos, laicos, libres y ¿vamos a excluir a posibles miembros de la UE por criterios religiosos? ¿O por criterios dietéticos? ¿O el problema es emocional, psicológico, miedo a lo desconocido o a lo poco familiar? ¿Qué se hará de Albania, Bosnia, Macedonia, Bulgaria o Marsella, Granada o Almería?, Todas ellas con amplias poblaciones islámicas y en crecimiento. Ahora que la Europa de la cerveza se ha reconciliado, tras no sé cuantas guerras de religión, con la Europa del vino, ¿van ambas a marginar a la Europa del yogurt?

Europa está mediatizada por su historia, pero no está condicionada por ella. La Unión Europea es un proyecto de futuro, en el que se aúnan raíces históricas diversas que mutuamente se enriquecen al fundirse en un mismo tronco que se eleva hacia un futuro común. Turquía tuvo una lista de reformas que hacer antes de poder iniciar el proceso de negociación y tiene otra larga lista para concluirlo. Es cierto que tienen los problemas fronterizos, la cuestión kurda, la frontera cerrada con Armenia, el control de la política por el ejército, deficiencias en los derechos humanos, problemas económicos y serios problemas financieros... pero son conscientes y están en ello. Conocen los requisitos para la adhesión y trabajan en el desarrollo de su NPAA. Si cumplen, deben ser bienvenidos a bordo. Además, hay un compromiso asumido de aceptarles si ellos cumplen.

Conozco turcos que viven, perfectamente integrados, tanto en Berlín como en Madrid. Sé que son turcos porque ellos lo dicen, pues en nada se diferencian del resto de los euromediterraneos. Podrían haber sido italianos, españoles o griegos. Desde luego hablan todos ellos alemán o/e inglés además de la lengua del país de residencia, son buenos profesionales, inteligentes, trabajadores y académicamente muy bien formados. También conocí turcos en Ankara, inteligentes, acogedores y eurófilos, impacientes por ver a su país integrado en la Unión Europea. ¿Por qué razón habría que negárseles el derecho a la opción de ser Europeos por la que tanto han sacrificado y están haciendo? Es cierto que tras el triunfo del partido AKP hay que preguntarse si será Europa capaz de asimilar 68 millones de personas con un 34% de potenciales fundamentalistas. Europa ha de consolidar su unidad interior y cuanto más homogéneos sean sus valores menores serán las dificultades. Pero Europa no puede dejar marginado a un potente aliado militar y vecino, a riesgo de fomentar una radicalización aún mayor en ese país.

La realidad es que, aunque lentamente, se va avanzando hacia la adhesión de Turquía. Los primeros pasos hacia la adhesión a la Unión datan del Ankara Agreement, firmado el 12 de septiembre de 1963. El protocolo establece una Unión Aduanera en tres fases, iniciándose con un Protocolo Financiero. El acuerdo se institucionalizó en un Consejo de Asociación que se reúne regularmente. El Acuerdo de Asociación se complementó con un Protocolo Adicional, firmado el 23 de noviembre de 1970. El 7 de junio de 1990 la Comisión Europea adoptó el "Matutes Package", una serie de medidas que intensificaban la cooperación financiera, tecnológica, industrial, política y cultural. La Unión Aduanera entre la Unión y Turquía se firmó en 1995. El 15 de julio de 1996 se crea el Comité Conjunto para la Unión Aduanera. El Consejo Europeo de Luxemburgo de Diciembre de 1997 confirmó a Turquía como país adecuado para poder ser considerado candidato a la Unión. El 14 de abril de 1987 Turquía presentó su solicitud como miembro de la entonces Comunidad Europea. En el Consejo de Asuntos Exteriores de Apeldoorn se reafirmó la calificación de Turquía como candidato válido como potencial miembro de la Unión. Y, lo más importante, la UE reconoce a Turquía como candidato a ser miembro en la cumbre del Consejo Europeo de Helsinki de diciembre de 1999 siempre y cuando cumpla con los criterios de Copenhague y desde esa fecha participa de los programas de ayuda comunitaria y en las reuniones con los países candidatos, habiendo estado presente en la Convención sobre el futuro de Europa. Turquía avanza progresivamente en la adaptación de su legislación al *adquis*[110] de las leyes comunitarias y en breve se debieran poder iniciar las negociaciones de adhesion. La Agenda 2.000 considera que la Unión europea debe seguir apoyando a Turquía para que pueda superar los problemas que le impiden incorporarse a la Unión. El 19 de marzo de 2.001 adoptó el programa nacional para la adopción del Adquis (NPAA). Es una labor legislativa árdua, pues se trata de ajustar toda la legislación turca a la legislación vigente en Europa, es decir, asumir en un corto plazo lo que los estados miembros han ido asumiendo en materia de legislación común a lo largo de toda la existencia de la Unión. En junio de 2001, sa adopta un acuerdo por el que se permite a Turquia participar en los programas europeos y se dota de fondos el proceso de pre-adhesión.

Es cierto que los criterios de Copenhague no les están resultando fáciles de cumplir a los turcos. Copenhague incluye el respeto de los derechos humanos y la protección de las minorías, pero algunas leyes, cada vez menos, la cuestión de Chipre y el problema kurdo se interponen.

También hay que contar con las condiciones económicas del país, con una renta *per capita* que en 1999 era de 2.700 euros es ahora el 28% de la media comunitaria y existe un elevado índice de analfabetismo, por lo que habrá que invertir generosamente en educación. El impacto turco en la economía del conjunto de la Unión sería pequeño, ya que su PNB supone solamente el 2% del de la Unión Europea, pero con la actual PAC recibirían una importante ayuda por su agricultura, pues constituye prácticamente la mitad de su economía.

Turquía tiene que incorporarse al proceso de unión, pero, ¿no sería mejor que lo haga como cabeza de una nueva Unión Regional en vez de hacerlo como cabeza de turco de Europa? Me cuestiono y pregunto si no sería una solución que resolviese todas las dificultades, reales y psicológicas, el ayudar a Turquía a constituir con las antiguas repúblicas soviéticas, derivadas del Imperio Otomano: Kazakhastan, Uzbekistán, Kyrgyzstan, Tajikistan, Turkmenistán y Azerbaijan, una federación a imagen y semejanza de la Unión Europea y constituir entre la Unión

[110] El conjunto de las leyes ya armonizadas en toda la Unión Europea.

Europea, la nueva federación otomana que se pueda forma y Rusia una confederación? Cada vez son más los ojos turcos que mirán más a las repúblicas turcas ex-soviéticas que a Europa y cada vez son más las voces entre los ciudadanos de esas repúblicas que, superada la fiebre de la reciente independencia, claman por una federación entre ellas y con Turquía. El hecho de compartir un mismo idioma es una enorme ventaja y ya se están tomando medidas para asumir el turco de Anatolia como lengua estandar para todos ellos.

Una buena solución para Turquía podría ser el recurrir a la estructura fractal, constituyendo una unión entre la Unión Europea y Rusia con Turquía. Hemos de tener en cuenta que ya hubo un proyecto de confederación de Turquía con Rusia del presidente turco Turgut Ozal que se canceló por presiones americanas tres un viaje de Ozal a los EE.UU. Por otro lado, la actual Confederación Económica del Mar Negro, de la que además, de Rusia y Turquía forman parte otros países ribereños entre los que se encuentran Grecia, Bulgaria y Rumania, podría ser la base de una Confederación del Mar Negro fuerte en la que participe la Unión Europea, sustituyendo a los estados miembros de la Unión que son ahora miembros de la confederación económica actual, junto con una Unión Rusa en la que pudieran integrarse otros vecinos afines de Rusia y esa Gran Unión Turca de la que hablábamos antes, que pudiera formar Turquía con las ex-repúblicas soviéticas de origen turco.

Debe ser considerado seriamente que las debatidas incorporaciones de Rusia y Turquía a la Unión no tendrían por qué hacerse al mismo nivel que el resto de los países miembros ni tampoco debieran dejar de hacerse. Ambas son realmente especiales y procedería pensar en una unión *ad hoc* para ambas. La posible solución que aquí se propone de crear una confederación tripartita de la que la Unión Europea, como conjunto, fuese miembro con los otros dos bloques, resolvería la articulación de una amplia zona de cooperación y potenciaría un gran ámbito de libertad, seguridad y justicia sin los riesgos de diluir la identidad de ninguna de las tres partes. Dicha confederación podría estar abierta a otras incorporaciones, como un futuro mundo árabe unido en bases democráticas, la India o China, y llegar a ser elemento de otra estructura superior, más amplia, y el foco de cristalización de una futura ordenación mundial.

El modelo fractal es un buen modelo estructural, óptimo para estructurar sistemas de comunicación. La actual estructura europea, puede analizarse como organización fractal partiendo de la estructura federal alemana para reproducirla a nivel continental. El modelo fractal debiera ser considerado como modelo del nuevo orden mundial a partir de la positiva experiencia de la Unión Europea.

La frontera del Sur

En el sur, urge el desarrollo de una zona de libertad, seguridad y justicia en el Mediterráneo con la que se establezca un acuerdo de relaciones preferenciales de amistad, cooperación y desarrollo. Lo cual requiere lograr la paz en Oriente Medio y disipar recelos seculares entre vecinos. La frontera del sur se encuentra condicionada por lo que se decida hacer en el este y la del este se reforzaría con una buena solución para el sur.

Europa debiera realizar un acercamiento firme y franco al mundo árabe, desarrollando el proceso de Barcelona y promoviendo instituciones conjuntas. No estaría de más, para empezar, fundar un importante Centro Europeo de Estudios Islámicos en Granada o Córdoba que, a imagen del Instituto de Florencia, institucionalice el diálogo de civilizaciones desde instancias europeas. Pero la institucionalización de las relaciones tras-mediterráneas debe abarcar otros ámbitos: económicos, legislativos, defensivos y, finalmente, políticos.

Habría que corregir la política de Versalles respecto al mundo árabe y reparar sus consecuencias. Si tuviésemos claro que el objetivo final de Europa es el de ayudar a configurar un nuevo orden mundial basado en la acción comunicativa, tendríamos claro que habría que fomentar la unidad árabe a ejemplo de la Unión Europea. No es preciso recurrir a la unidad de fe para establecer uniones políticas, ya hemos visto como fracasó el proyecto español con sus planteamientos coercitivos en materia de religión, los EE.UU. son ejemplo de unidad con pluralidad de credos y Europa será un exponente paradigmático cuando se incorporen Albania y Bulgaria, entre otros, como miembros de la Unión. Hay que fomentar la unidad árabe desde bases laicas de racionalidad política y libertad religiosa, relanzando el proyecto de Naser sin pretensiones de dominio. Promover una revalorización de las diferencias sin detrimento de la unidad, fe en el diálogo y descrédito de la violencia. No podemos olvidar que hay árabes cristianos (coptos, armenios, católicos, ortodoxos, protestantes) y árabes laicos, árabes pacifistas y musulmanes piadosos que no son fundamentalistas. Por desgracia, en la actualidad, el General Gadafi es el único que habla, con convencimiento, de integraciones en esa región del mundo. Habría que apoyarlo.

La historia árabe desde las independencias se ha venido debatiendo entre las luchas de los diferentes nacionalismos laicos y el panarabismo islámico. Naser capitaneó el auge del panarabismo laico y su derrota supuso el estancamiento de la idea pero no su anulación. No todo fue culpa de Occidente. La idea de Naser asumía la puesta en común para la causa pan-árabe de los recursos petroleros de los países árabes, proyecto al que los países más ricos no prestaban oídos, y en vez de institucionalizar un diálogo entre iguales, Egipto intentó imponerse a Siria en la RAU. Es hora de considerar la alternativa de un panarabismo laico, amigo y aliado de Occidente, respetuoso con la religión y tolerante con las diferencias, que sin eliminar los actuales estados árabes, permitiese una estrecha colaboración entre ellos sobre la base del diálogo institucionalizado, hasta llegar a constituir una unión panárabe. Las polémicas en el seno de la Liga Árabe muestran las dificultades para semejante proyecto, pero Europa debiera contribuir a limar diferencias en vez de alentarlas. No olvidemos que el Congreso de Damasco aprobó, tras la primer guerra mundial, la creación de un Califato árabe que heredase al Califato Turco. Por otro lado, Mohamed Ali llegó a pensar en un Egipto europeo y Marruecos hoy desearía unirse a la UE.

A Europa le interesa un mundo árabe unido, próspero, culto y aliado. Una Unión Árabe capaz de integrarse con Europa, en una ***Confederación Mediterránea*** basada en la cooperación, el dialogo y el derecho internacional, una Confederación abierta a toda otra federación regional que comparta los valores de la paz, la libertad y la justicia bajo la ley, democrática y respetuosa de los valores humanos, incluida la libertad religiosa y capaz de llegar a integrarse en una Confederación Mundial de Federaciones Regionales basada en la cooperación y el dialogo, sería un gran avance en el camino hacia un mundo en paz. Bastaría con que un núcleo reducido de paises árabes se pusiesen de acuerdo para ser los fundadores de la Unión Árabe. ¿El trípode Libia, Egipto Emiratos?

La participación europea en las operaciones de pacificación, reconstrucción y defensa del Medio Oriente no debiera ser obra de los países miembros, sino de la Unión Europea, con un mando unificado y el consenso del mundo árabe. Urge contar con una política exterior común para Europa, pero es urgentísimo una política común de la Unión en el Mediterráneo y el Medio Oriente.

La frontera del oeste

La Europa Comunitaria parece que se ha concebido mirando al Este y de espaldas al poniente, con una mentalidad continental de *finisterre* hacia el Oeste, pero los españoles sabemos que tras cada finisterre hay un *plus ultra*.

Aunque las recientes ampliaciones hayan hecho olvidarla, la frontera del oeste también existe. Herederos de la guerra fría, tendemos los europeos a concentrar nuestro interés en el Este. No está mal, durante cinco décadas de ahí podrían haber venido los tiros y de ahí vinieron las flechas de los Hunos, pero ¿no debiéramos reflexionar también sobre la frontera del Oeste? Habría que pensar como posibles miembros en Islandia e incluso en Cuba.

Geográficamente, ya hemos señalado que Europa es el subcontinente europeo y el conjunto de islas situadas en los mares circundantes... sin fijar, de momento, distancias a la costa. Según esto, podríamos complementar el Art. 49 del TEU diciendo que “son países europeos aquellos que tienen su territorio o una parte de él, en el subcontinente europeo o en alguna de las islas situadas en los mares periféricos. En esta definición, además de las islas de Martinica, Canarias y Guadalupe se incluirían Chipre, Islandia... y Cuba.

¿Cuba?

Cuba es un país que ha estado separado de España tan sólo el doble de tiempo de lo que ha estado separadas la Alemania del Oeste y la del Este. Ellos estuvieron separados 50 años y nosotros 100 ¿Se puede impedir a una Cuba que cumpliese con los requisitos de Copenhague y Helsinki unirse a una Unión de la que forman parte Guadalupe, Martinica y Reunión por razones geográficas? ¿Acaso las Islas Canarias están en Europa? ¿Lo está Chipre? Cuba ha estado prácticamente siempre unida al viejo continente, primero como parte de España y, más recientemente, como miembro del Comecón. ¿No puede un ex-miembro del Comecon ser miembro del Mercado Común? ¿Acaso no lo son hoy casi todos los ex miembros del Comecon? Tras la reunificación alemana y la posterior ampliación de la Unión a los países del este, no hay duda de que la Unión Europea es la institución con mayor experiencia y capacidad para ayudar a un país en su transición desde el comunismo a la democracia y la economía de mercado. ¿Dónde podría Cuba encontrar mejor apoyo, si decidiesen dar el paso de democratizar su sistema político y liberalizar su economía? Tras el enorme coste de la revolución en sacrificios humanos y económicos, no podemos cerrarle a Cuba una puerta que le garantice su identidad nacional, tan costosamente salvaguardada durante su historia y su seguridad como nación sin pérdida de su independencia. No podemos decirles a los cubanos que tienen que retroceder a los tiempos de Batista y volver al redil del gigante del norte. Tenemos que ser creativos y buscar alternativas que satisfagan las esperanzas cubanas y aseguren su progreso e independencia nacional como parte de una Unión que garantizaría su seguridad. El conjunto de Europa, y no digamos España, tenemos más en común con Cuba, genética, histórica, religiosa y culturalmente, que con Albania. La cuestión a plantear, no es geográfica, la cuestión es si le interesa a Europa la participación de Cuba en su proyecto y si los cubanos estarían interesados en hacerlo. No olvidemos la naturaleza social y simbólica de la Unión Europea. Podemos ser lo que acordemos ser.

Debemos distinguir entre Europa y la Unión Europea. Suiza es parte de Europa, pero no lo es de la Unión Europea y Martinica es parte de la Unión Europea pero no se la considera parte de Europa. Tampoco Hawai está en América y es un estado americano. Cuba podría ser parte de la Unión Europea con independencia de cómo definamos a Europa.

Habría que explorar la posibilidad de que Islandia, y Cuba pudieran estar interesadas en incorporarse a la Unión. No debiera chocarnos la propuesta de Cuba (en Niza se pidió que seamos creativos). El hecho geográfico de no formar parte física del continente europeo no debe ser impedimento para considerar la opción cubana. Cuba, a pesar de no estar en el continente europeo y precisamente por eso, aportaría un gran valor estratégico y geopolítico a la Unión. Dejemos también nosotros el ajedrez y empecemos a pensar en el go. Una Cuba miembro de la Unión Europea es un puesto avanzado en el Atlántico que facilitaría un importante vínculo de Europa con una futura Unión Centro-Americana y Caribeña y permitiría articular el norte y el sur americanos con la Unión Europea. Comentando esta posibilidad con un amigo norteamericano, me cortó diciendo. "Cuba es nuestra". Al parecer, la ley Monroe sigue vigente en los corazones del norte. Europa y Cuba deben pensar por sí y en sí.

Hablar de Cuba plantea la pregunta ¿y por qué no Méjico, o Trinidad, o...? ¿Qué pueden hacer los que no pasen a formar parte de la Unión Europea? ¿Cómo articular Europa con América en pie de igualdad? En ese contexto global, formando parte todos los países ribereños de una misma civilización y cultura, las fluidas relaciones de arraigo histórico y probada fidelidad entre Europa y América podrían institucionalizarse en áreas más allá de la defensa mutua, configurando una ***Federación Atlántica*** que, no ya permitiría restañar cicatrices recientes y estrechar las relaciones históricas entre ambas orillas del Atlántico, sino dar un ejemplo al mundo sobre la viabilidad de la solidaridad, la colaboración y la convivencia entre el norte y el sur del planeta. Se trataría de institucionalizar la Cumbre Unión Europea – EE.UU. y abrirla a Canadá y cuantas Uniones de estados Sudamericanos puedan ir fraguandose en el futuro y madurando. Las instituciones iniciales de la Unión Atlántica bien podrían configurarse con una Secretaria Permanente, para ser rápidamente sustituida por una Comisión y un Consejo. El Acuerdo de Asociación a que se llegue se convertiría en un Tratado fundacional de una Confederación de Uniones. Las dificultades que están sufriendo los intentos de integración sudamerican muestran, comparando con el caso europeo, la ausencia de un motor sólido que proporcione orientación y liderazgo, y la disponibilidad de unas fondos estructurales y una política de cohesión social que permita aplicar el modelo de solidaridad interesada, que compense a los menos favorecidos durante el proceso de integración. Muy posiblemente, el tanden Méjico-Brasil sería un eficaz equivalente del motor europeo Francia-Alemania. El aliciente adicional de una Unión Atlántica debiera acelerar los procesos de integración regional, e incluso reducirlos a un único proyecto para toda Iberoamérica. Recordemos que la Unión Europea no empezó con todos los paises del continente, tampoco habría que esperar a que todos los estados sudamericanos estén de acuerdo para lanzar la integración. Dejando abierta la puerta para posteriores incorporaciones de los más retrasados. De hecho, muy posiblemente bastaría con que Méjico, Brasil y tres o cuatro paises más más se pusiesen de acuerdo para iniciar la Unión Iberoamericana con éxito y capacidad para integrarse después en la Unión Atlántica. Bastarían dos presidentes con voluntad política, determinación y visión histórica, el uno en Méjico y el otro en Brasil, para lanzar con éxito un proyecto de integración supranacional capaz de proporcionar a Iberoamérica una voz sonora y permanente en el concierto de las naciones y dar un nuevo rumbo a la historia americana.

Una consideración importante es tener claro que los fondos estructurales (necesarios para asegurar el éxito del proyecto) no deben provenir de los presupuestos corrientes, sino, como se muestra en el ejemplo del anexo C, de los beneficios adicionales proporcionados por la integración. Respecto a las dificultades técnicas, con toda seguridad, la Unión Europea proporcionaría expertos para colaborar con su experiencia en la definición y desarrollo del proyecto.

Para evitar que la Unión Atlántica pudiese ser vista como una amenaza por los países que quedasen fuera de ella, habría que invitar a otros países afines, como Australia, (Fuera del continente americano, el vecino más cercano de Argentina y Chile, por la ruta del polo es Australia) y otros más remotos, como Rusia, la India o China, para que considerasen la posibilidad de entrar a formar parte de la nueva Confederación, a fin de constituir el núcleo de una futura Confederación Mundial.

Una posible solución

> *Una federación de federaciones en la que pueblos de todo tipo pueden desarrollar instituciones libres y autoconciencia nacional a la vez que comparten una ciudadanía común y un sistema legal común y de autodefensa.*
>
> Chistopher Dawson, Understanding Europe, Image Books, N.Y. 1952

A las preguntas que hemos ido viendo cabría añadir: ¿Y qué va a pasar con Israel? Y si se incorpora Turquía, ¿Qué se hace de las nuevas repúblicas turcas que se han independizado de la URSS? ¿Quién les niega su incorporación a la Unión Europea a paises como Ucrania, a Bielorrusia, a Armenia o a Georgia si llegasen a solicitarlo?

Ya lo hemos dicho, la Unión Europea no puede seguir creciendo sin límites, pues, entre otras cosas, la aplicación del criterio de solidaridad interesada exige que, para ser eficaz, el número de miembros de una comunidad comunicativa no sea excesivo en cada nivel. En lo sucesivo, más que continuar ampliando la Unión, habría que invitar a otros, con ayudas asesoramiento y el ejemplo, a que imiten el modelo europeo y constituyan sus propias uniones regionales.

Una posibilidad de extender el proyecto europeo al mundo sin extender la Unión Europea indefinidamente es la creación de una ***Confederación Mundial de Federaciones Regionales de Estados Democráticos***, sobre el principio del diálogo multilateral institucionalizado, la seguridad común, la libertad, la justicia, la colaboración económica y la renuncia al empleo de la violencia entre sus miembros. Un factor emergente en el escenario mundial es que la indiscutible monopolaridad militar ya no está acompañada de una monopolaridad económica. Los pujantes desarrollos de China y la India y el éxito económico de la Unión Europea han hecho que las relaciones economicas se estén estucturando de manera multipolar. La Ronda de Doha es un ejemplo de la nueva situación.

En un mundo en creciente globalización, habitado por una humanidad que, por vez primera en muchas generaciones de mirar a las estrellas, ha podido contemplar al planeta Tierra desde el espacio y ver su intrínseca unidad, Europa ofrece un modelo de unión que podría ser imitado en la búsqueda de una coexistencia global.

- ***Frente a la alternativa norteamericana de unión voluntaria de futuro.*** Los Estados Unidos tienen el problema de carecer de historia, lo que les ha permitido desarrollar un proyecto de futuro sin condicionantes previos, sobre la base de unos ideales comunes a la Revolución Francesa, enfatizando el ideal de la igualdad democrática, mediante un sincretismo de elementos fundamentalmente europeos, al que denominan "*melting pot*". Creado a partir de emigrantes desarraigados, se trata el suyo de un modelo de proyecto común sin raíces. El aglutinante ha sido ese proyecto de futuro como gran corporación que son los EE.UU., permitiéndoles superar, no sin problemas, las diferencias, en tanto la corporación sea rentable y siga siendo factible el sueño americano de poder hacerse rico. Para ser ciudadano americano hay que olvidarse, en lo posible, de que se fue polaco, irlandés, italiano, armenio, cheyene, congoleño, navajo o siux, se trata de un pacto para olvidar la diversidad de orígenes en aras de asegurar un futuro común. En Europa, por el contrario, ser europeo exige como requisito ser italiano, español, alemán, francés o polaco o lo que se sea. Es preciso tener un modo de ser europeo, con acreditadas credenciales históricas, para poder ser reconocido como europeo, al menos de momento.

  Benavente[111] dijo, "cuando Europa excava, lo hace buscando ruinas. América excava para sentar cimientos". América es el futuro, pero sólo futuro. Europa está también construyendo su futuro, pero sobre las sólidas bases de una historia y un pasado que no pueden ser olvidados. Al contrario de lo que le ocurría a Kunta Kinte, no precisamos buscar nuestras raíces, nos hablan y nos sustentan desde cada monumento, cada lienzo, cada campo de batalla, cada camino, cada recorte del litoral y cada ruina.

[111] Jacinto Benavente, El árbol caido.

Europa no puede ser ella misma sin su historia y sus tradiciones y los diferentes países del mundo tampoco desean renunciar a sus tradiciones y modos peculiares de ser por el hecho de unirse.

- ***Frente a la alternativa soviética de una unión forzada con un pasado impuesto.*** La Unión Soviética, impuesta por Lenin y Stalin a los estados miembros, Rusia incluida, logró estampar el modelo ruso en todos los pueblos de la unión. La uniformidad se buscó como símbolo de unión, imponiendo la lengua rusa, la historia rusa y las costumbres rusas, negando a la multiplicidad de las naciones integrantes de la unión su diversidad de raíces y tratando a cada república como un injerto en el tronco de Rusia. El mantenimiento de dicha unidad solo resultaba posible por la fuerza. El fracaso histórico de dicho modelo ha dejado claro la inconveniencia del mismo en los tiempos modernos, aunque también Roma y España, entre otros, hizieron lo mismo en el pasado.
- ***La Unión Europea*** está cargada de múltiples tradiciones, con profundas raíces históricas que alimentan un único tronco común que se alza hacia el futuro, por lo que los arquetipos anteriores no le pueden servir de modelo. Como consecuencia, al carecer de parangones válidos que le sirvan de referencia, ha tenido que desarrollar su propio prototipo, respetando su diversidad cultural y lingüística. Se trata de una estructura de diseño a medida que proteje las identidades nacionales, defiende las culturas y lenguas locales y asume como propias las diferentes tradiciones. La unidad de esa diversidad solo puede lograrse, como en el caso de los Estados Unidos, mediante un propósito común, un proyecto común que constituya la misión de Europa en el mundo.

Conclusión

Hemos visto que Europa es un modo de acción colectiva, coordinada mediante el diálogo institucionalizado, lo que hace de ella una *comunidad comunicativa.* La cuestión que planteamos ahora es si éste sería un modelo apropiado para extenderlo al resto del mundo y en qué medida.

La Unión Europea tiene antes que resolver sus propios problemas, definiendo su identidad, adquiriendo una identidad jurídica ante el mundo, resolviendo sus problemas constitucionales y delimitando sus propias fronteras.

Lo relevante es que el proyecto de la Unión Europea es universalizable. No es cierto que, como se afirma en el mundo islámico, "los valores occidentales son de Occidente, los valores del Islam son universales". Hay en Europa valores universales que procede destacar y dar a conocer, dentro y fuera de Europa. La acción comunicativa es uno de esos valores.

En un mundo globalizado, Europa ofrece un modelo de unidad mediante la cooperación y el diálogo que podría ser imitado por otras regiones del mundo en la búsqueda de una coexistencia global. Se trata de un modelo que respeta las culturas, las tradiciones y las identidades locales, fomentando la convivencia en paz, libertad y seguridad. La Europa que llevó al mundo a dos grandes guerras es ahora la Europa del diálogo, la coexistencia y la colaboración. Es la Europa que pudiera llevarnos a una paz global y duradera. Tener fe en el diálogo entre los pueblos es la esperanza en esa paz global. Pensemos además que la globalización exige reglas compartidas y una convergencia de estándares, lo cual se facilitaría mediante instituciones globales permanentes.

Por un lado, nadie queremos renunciar a nuestra identidad nacional. Por otro lado, la experiencia yugoslava da testimonio de los sangrientos resultados e inútiles sufrimientos a los que puede llevar la radicalización tribal del nacionalismo. La Europa unida deberá ser defensora de las particularidades nacionales y regionales a la vez que intransigente con los nacionalismos excluyentes y los métodos violentos. Respaldar a cuantos defiendan la unidad en la pluralidad y desmentir a los intransigentes ante la diversidad.

Ni podemos, ni debemos, ni queremos volver a repetir el error que tantas veces ha echado por tierra intentos anteriores de unidad europea mediante la imposición hegemónica de un pueblo sobre sus vecinos. Los fundadores de la Unión Europea han sabido encontrar la fórmula de la unión en la pluralidad y de la igualdad en la diversidad para lograr que Europa, por fin, tenga éxito, respetando las identidades nacionales y regionales e integrándolas en un proyecto común de mutuo enriquecimiento cultural e implulsor del crecimiento económico. Un proyecto en el que prevalece, no ya el respeto de los unos por los otros, sino el mutuo aprecio de las diferencias y la valoración del otro. Tan de todos es Verdi como Mozart. Tan nuestro es Séneca como Schopenhauer.

Tarde o temprano, el mundo terminará por unirse en una comunidad cosmopolita y este planeta nuestro acabará por ser reconocido como el hogar común de una única raza: la humana. El problema está en salir de la dicotomía amigo - enemigo, nosotros y ellos. La solución pasa por transformar el *ellos* alienante en un *vosotros* dialogante, como paso previo a la integración del *vosotros* y el *nosotros* para constituir un nuevo *nosotros* enriquecido capaz de entrarse en otro nosotros aun mayor, sin pérdida de la identidad de nadie. El nuevo nosotros solo es alcanzable desde el respeto y aprecio de la identidad de cada uno, mediante el fomento de la convivencia, del trato mutuo y el intercambio, no sólo de mercancías, sino de ideas y de personas. Hay que evitar que ningún *otro* se radicalice en un *ellos*, de alienados, marginados y beligerantes. El establecimiento de diálogo exige el mutuo reconocimiento como condición previa, fomentando el conocimiento mutuo. Ello requiere hablar un mismo idioma: el de la paz y la justicia, pues mal se da la una sin la otra. El objetivo final debe ser el descubrimiento de un nuevo nosotros común, mundial.

La experiencia de la Unión Europea enseña la importancia de institucionalizar el diálogo y gestionar el proceso de unión. La Comisión Europea ha sido un elemento capital en el éxito de la Unión. Tampoco hay que desdeñar el papel de las otras instituciones ni las experiencias en otras regiones del mundo, que habrá que analizar como fuente de inspiración al diseñar la institucionalización de una posible Confederación Mundial.

La culminación de la misión de Europa hacia el mundo podría ser el contribuir a establecer una Confederación Mundial de Uniones Regionales. No se trata de reinventar las Naciones Unidas, que debieran continuar existiendo como foro internacional, en tanto sigan existiendo países que no formen parte de la Confederación Mundial. El objetivo es crear los cauces para la universalización de la acción comunicativa, la extensión del ideal para las relaciones internacionales encarnado por la Unión Europea. Evitar las relaciones de dominio, que inevitablemente conducen a la confrontación, promoviendo acciones comunicativas entre bloques que lleven a acuerdos de cooperación permanente, por medio del diálogo institucionalizado. Siguiendo los pasos de la UE, se podría pensar en iniciar el proceso como un proyecto de unión económica, para ir profundizando en lo que proceda ir haciendo juntos, pero teniendo claro desde el inicio, tanto el principio rector del proceso: la renuncia explícita a toda acción de dominio, como el objetivo final de llegar a crear un área de libertad, seguridad, justicia y paz para todos.

El método a seguir hacia una futura Confederación Mundial es el ya probado con éxito por la Unión Europea:

- Ir paso a paso en cada nivel y región
- Comenzar por la economía
- Crear mecanismos de cohesión social y dotarlos de fondos estructurales suficientes que compensen los desequilibrios transitorios.
- Comenzar con pocos miembros
- Institucionalizar la relación
- Ampliar escalonadamente el número de miembros
- Profundizar la unión con cada ampliación
- Democratizar las instituciones una vez consolidadas

Como hemos visto en las páginas anteriores, siguiendo la experiencia de la Unión Europea de ir paso a paso, tenemos tres alternativas para iniciar la Confederación Mundial de Federaciones Regionales de Países Democráticos desde Europa: por la via de crear una ***Confederación***

del Mar Negro entre la Unión Europea, Rusia y Turquía o por la vía de crear una ***Unión Atlántica*** con los EE.UU. y Canadá, más allá de la defensa común, que cubra aspectos económicos, jurídicos y políticos y esté abierta a otras federaciones centro y sud-americanas o por la vía de la ***Confederación Mediterranea*** con una federación de unos cuantos estados árabes fundadores abierta, a su vez, a todos los estados árabes. En los tres casos, una vez consolidadas las instituciones de la confederación inicial, se invitaría a participar como nuevos miembros a todos los estados del mundo que estuviesen dispuestos a formar otras Uniones Regionales Democráticas previas, análogas a la de la Unión Europea con sus propias peculiaridades, mediante las cuales poderse integrar en la Confederación Mundial, tan pronto alcanzasen la debida estabilidad política y económica y siempre que cumpliesen con el respeto a los derechos humanos y aplicasen los principios de democracia, libertad, paz, seguridad y justicia. El sueño de Kant sobre la paz perpetua se habría cumplido y Fukuyama[112] podría poner fin a la Historia. Puede hoy sonar a utopía, ¿acaso no parecieron utópicos los primeros planteamientos de una Unión Europea? No se puede realizar lo que previamente no se ha imaginado, ni se puede discutir lo que no se ha planteado. Es posible todo lo que seamos capaces de hacer posible. Pensar que algo podria ser posible es empezar a hacerlo posible.

Hacia un nuevo orden mundial

Lo primero que habría que hacer es consolidar las instituciomes de la Unión Europea. El "no" francés ha dejado en un inpás al proyecto constitucional. La principal causa del fracaso fue el error de la oposición de convertir un referéndum sobre Europa en un plesbicito sobre el gobierno, mezclando temas ajenos a la constitución propuesta, como la integración de Turquía o la emigración. Turquia se podrá unir o no a la Unión Europea con o sin constitución y el problema de la emigración es real con o sin constitución. Es más, la constitución ayudaría a encontrar soluciones. Estamos viendo como la exigencia de unanimidad paraliza las instituciones con un número tan alto de miembros, siempre hay alguno que veta. La postura de Polonia ante el acuerdo con Rusia es un claro ejemplo.

---

[112] Fukuyama. The End of History.

Dada la situación, cabrían tres opciones:

> Aprovechar las futuras elecciones presidenciales francesas para pasar un nuevo referéndum, a la estela de la popularidad de un presidente recién elegido, siempre y cuando se cuente con el decidido apoyo de la oposición.
>
> Crear un nuevo tratado europeo que reforme las instituciones y la operativa de la Unión. Dado que la constitución ya fue firmada por todos los estados miembros y candidatos, no debiera de ser problema lograr un acuerdo. El tratado debiera firmarse en Madrid, dado que ya fue designado Madrid para firmar la Constitución y el presidente español cedió el privilegio a Roma.
>
> Crear una Unión Europea con los estados que han ratificado la constitución y firmar a continuación tratados bilaterales entre la recien creada Unión y los estados europeos que no formen parte de ella, urgiéndoles a que se integren tan pronto encuentren las vías de hacerlo.

La referencia de la constitución europea al cristianismo

Para terminar, un breve comentario sobre tan controvertido tema. Son evidentes las raíces cristianas de Europa. Lo podemos comprobar en la historia y verificarlo en la herencia artística que nos ha llegado. Sería desolador el paisaje europeo sin los monumentos religiosos. *En arquitectura*, ¿qué sería de Colonia sin su catedral, Paris sin Notre Dame, le Sacre Cœur o la Magdeleine, Moscú sin las iglesias del Krenlim, Barcelona sin la Sagrada Familia ni su catedral, Londres sin Westminster y sin San Paul? ¿Qué sería sin sus templos de Roma, Pisa, Florencia, Asís, Milán, León, Burgos, Venecia, Estrasburgo y tantas otras ciudades europeas? ¿Qué sería de tu ciudad o tu pueblo sin sus iglesias? ¿Qué es del paisaje europeo sin santuarios marianos, ni monasterios, ni abadías, ni los hitos del camino de Santiago,...?

¿Se puede concebir la *escultura* europea sin la imaginería religiosa de Miguel Angel, sin Salcillo, ni Berruguete, ...?

¿Qué queda de la *pintura* europea sin Giotto, sin Rafael, sin Miguel Angel, sin los iconos rusos, sin el Greco, sin Zurbarán...?

¿Qué sería sin la *música* sin la inspiración religiosa de las misas, de los requiens, de la música sacra, del gregoriano, de las saetas, ...?

¿Se puede imaginar una Europa sin Divina comedia, sin Fausto, sin la obra de Teresa de Avila, sin Agustín, sin San Juan de la Cruz, sin Tomas Moro, sin Erasmo, sin Lutero, sin San Gregorio, sin los frailes de Cuny, ni la interminable lista de tantos teólogos, exegetas, moralistas y místicos? ¿Qué sería sin el evangelio de la escritura cirílica? Y ¿Qué habría sido de Gutemberg sin Biblia? Sin los vestigios cristianos Europa sería un erial cultural.

Para bien o para mal, sin cristianismo la historia de Europa habría sido otra. Tanto la abolición de la esclavitud, como el desarrollo de las universidades, los martirios de cristianos, las persecuciones religiosas, la inquisición, las guerras religiosas, las cruzadas, la victoria de los francos en Poitiers, la toma de Toledo, la defenestración de Praga, la batalla de las Navas de Tolosa, la carga de la caballería polaca contra los jenízaros en Viena o la batalla de Lepanto son hechos históricos, no todos ellos de feliz memoria, determinantes de la realidad europea. Europa no sería la Europa que tenemos si no fuese por la religión. Tampoco los peregrinos se habrían instalado en América.

Otra cuestión es si los europeos de hoy son creyentes. Una primera impresión es que en Europa son creyentes hasta los ateos, como dijo Santiago Carrillo: "Yo, gracias a Dios, soy ateo". Pero quien haya asistido asiduamente a los debates sobre el tema, habrá podido comprobar la feroz oposición por parte de algunos a que se citase al cristianismo.

La inmensa mayoría de las constituciones vigentes hacen una referencia a la religión. Lo cual es un signo de coherencia, pues si las constituciones tratan de libertades, un documento ateo no podría hablar de libertad, dado que el ateismo implica materialismo y el materialismo es, como bien señaló Laplace, determinismo. A los que dicen que las constituciones modernas ya no citan a la religión, hay que recomendarles que lean las más modernas, como la Iraní o la Ucraniana. Una constitución no debiera ser atea, puede ser laica, reconociendo explícitamente la libertad de religión y desvinculando la política de las jerarquías religiosas.

A quienes insisten en que la constitución europea debiera ser atea porque hay europeos que no creen en nada, cabría decirles que entonces tambien puede ocurrir que haya una minoría de europeos que no crean ni en la ley ni en el derecho y tampoco en la constitución, otros que no crean en la economía y otros que no crean en la ciencia, pero no por ellos vamos a dejar de tener un estado de derecho, una economía y un desarrollo científico.

Una posible solución sería completar la referencia que se hace en el prologo del Tratado Constitucional a los valores religiosos, con la frase: "fundamentalmente judeos-cristianos". Lo cual es una verdad histórica que no excluye a nadie. Si se desease una mayor amplitud de miras, podria utilizarse la frase: "fundamentalmente monoteístas bíblicos". Tambien es difícil imarginarse sin mezquitas a Hungría, Bulgaria, Bosnia o Albania, y mucho menos a Turquía.

ANEXOS

Anexo A

Bases militares norteamericanas en el extranjero[113]
La lista, posiblemente, no sea ni completa ni actualizada, pero da una idea del despliegue militar de los EE.UU. en todo el mundo

Ejército de tierra
Tongdichon, Corea
Camp Castle

Seoul, Corea
Camp Hovey

Tongdichon, Corea
Camp Castle

Seoul, Corea
Camp Essayons

Wonju, Corea
Camp Eagle

Uijongbu, Corea
Camp Stanley

Seoul, Corea
Camp Howze

Seoul, Corea
Camp Kyle

[113] Fuente: Todos los datos han sido obtenidos de Internet en diferentes Webs oficiales.

Seoul, Corea
Camp Coiner

Osan, Corea
Osan AB

Pusan, Corea
Pusan AFB

Seoul, Corea
Camp Red Cloud

Seoul, Corea
Camp Humphries

Taegu, Corea
Camp Carroll

P'aju, Corea
Pristina, Yugoslavia
Camp Bondsteel Camp Casey

Chunchon, Corea
Camp Page

Seoul, Corea
Camp Hovey

Seoul, Corea
Camp Gary Owen

Frankfurt, Alemania
Schweinfurt Barracks Camp Darby

Frankfurt, Alemania
Tompkins Barracks

Frankfurt, Alemania
Schweinfurt Barracks

Frieberg, Alemania

Frankfurt, Alemania
Baumholder

Nurnberg, Alemania
Vilseck Barracks

Schweinfurt, Alemania
Conn and Ledward Barracks

Bamberg, Alemania
Warner Barracks

Wuerzburg, Alemania
Leighton Barracks

Kaiserslautern, Alemania
Kaiserslautern

Friedberg, Alemania

Ray Barracks

Frankfurt, Alemania
Hanau

Mons, Bélgica
SHAPE/Chievres

Livorno, Italia

Vicenza, Italia
Army Base, Caserma Ederle

Saarajevo, Bosnia

Kosovo

Diego Garcia

Guantánamo

San Juan, PR
Ft. Buchanan

Kabul
Afghanistan

Jacobabad Pakistan
Shabaz AB

Masirah
Oman

Kuwait

Saudi Arabia
Riyadh

Bases Aéreas
Frankfurt, Alemania
Mainz Kastel

Spangdahlem, Alemania
Spangdahlem AB

Saarbruecken, Alemania
Ramstein AB

Volkel, Holanda
Volkel AB

Keflavik, Islandia
NATO Base Keflavik

London, UK
RAF Molesworth

RAF Mildenhall, UK
RAF Mildenhall

RAF Lakenheath, UK
RAF Lakenheath

RAF Fairford, UK
RAF Fairford

Mildenhall, UK
Mildenhall RAF

Aviano, Italia
Aviano AB

Adana, Turquía
Incirlik AB

Kunsan, S. Corea

Kunsan AB

Seoul, S. Corea
Osan Air Base

Abu Dhabi, Emiratos Arabes
Al Dhafra AB

Misawa, Japón
Misawa AB

Okinawa, Japón
Kadena AB

Yokota JP
Yokota Air Base

Riyadh, Arabia Saudí
Eskan Village

Arabia Saudí
Prince Sultan AB

Tegucigalpa Honduras
Soto Cano AB

Tegucigalpa,
Soto Cano Honduras

Jacobabad Pakistan
Shabaz AB

Kabul
Afghanistan

Masirah
Oman

Seeb, Oman
Seeb AFB

Kuwati City, Kuwait

Diego Garcia
Navy Support Facility

Doha QT
Only one in Qatar

Constanta, RO
Kogalniceanu AB

Bases navales
Keflavik, Islandia
NATO Base Keflavik

Saarbruecken, Alemania
Ramstein AB

Seville, España
NAS Rota

Caatania, Italia
NAS Sigonella

Naples, Italia
NSA Naples

Aviano, Italia
Aviano Air Base

Rome, Italia
NSA Gaeta

Sigonella Sicily, Italia
NAS Sigonella

Diego Garcia
Navy Support Facility

Guantanamo Cuba
NS Guantanamo Bay

Guantanamo, Cuba
Guantanamo Bay

Incirlik, Turquía
Incirlik AFB

Atsugi Japón
NAF Atsugi

Yokosuka Japón
Yokosuka NB

Nagasaki, Japón
Sasebo NB

Fukuoka, Japón
Sasebo NFA

Okinawa, Japan
Camp Shields

Okinawa, Japón
Kadena AB

Misawa, Japón
Misawa AB

Masirah
Oman

Arabia Saudí
Prince Sultan AB

Bahrain
NSA Bahrain

Roosevelt Roads Puerto Rico
Roosevelt Roads

Sabana Seca, Puerto Rico
NSGA, Sabana Seca

Riyadh, Arabia Saudí
Prince Sultan AFB

Guam
Guam NB

Diego Garcia

Jacobabad Pakistan
Shabaz AB

Kuwati City, Kuwait
Only one Avail

Está en proceso una revisión del despliegue de bases y la apertura de nuevas bases en Europa del Este, tanto americanas como de la OTAN, lo cual, además de lo delicado del tema, hace que cuando el lector acceda a esta lista puede encontrar discrepancias con la realidad, lo cual no afecta al objetivo, que es poner de relieve el amplio despliegue militar de las fuerzas imperiales por todo el mundo.

Anexo B

Portaviones Norteamericanos tras la segunda guerra mundial[114]

Clase United States
USS United States (CVA 58) El Presidente Truman aprobó, el 29 de Julio de 1948, la construcción de un superportaviones de 65.000 toneladas, capaz de transportar bombarderos con bombas nucleares. Propulsión por turbinas de vapor. Aviones 55, la mayoría bombardeos. Era el primer portaviones después de la segunda guerra mundial, pero la producción fue cancelada el 18 de abril de 1949.

Clase Forestal. Propulsión por turbinas de vapor, desplazamiento 80.945 toneladas, tripulación 4.582 hombres. Aviones 80.

USS Forrestal (CV59). Entró en servicio en 1955, retirado en 1993. Almacenado en Hulk- Newport. Puede ser trasladado a Tampa, Florida.

USS Saratoga (CV60). Entró en servicio en 1956, retirado en 1994. Desmantelado parcialmente. Se encuentra en Hulk- Newport.

USS Ranger (CV61). Entró en servicio en 1957, pasó a la reserva en julio de 1993 en Bremerton.

USS Independence (CV62). Entró en servicio en 1959, fue reemplazado por el Kitty Hawk en 1998, pasando a la reserva en Bremerton.

Clase Kitty Hawk
Son una continuación de los Forrestal con mejoras. Como los anteriores, desplaza 80.945 toneladas. Propulsión con turbinas de vapor. Tripulación de 4.582 hombres. Aviones 80.

[114] Como anécdota, puedo contar que en el momento de documentar el despliegue de la flota americana, tuve la impresión de que los EE.UU.se disponían a invadir Australia. Más tarde descubrí que la concentración naval que había documentado se debía a la celebración el aniversario de la batalla de las Islas del Mar de Coral.

USS Kitty Hawk (CV63). Entró en servicio en 1961, reemplazó al *Independence* en 1998 con base en Yokosuka, Japón, y se prevé su baja en el 2008.

USS Constellation (CV64). Entró en servicio en octubre de 1961. Forma parte de la Flota del Pacífico con Base de San Diego, California.

Clase Enterprise
USS Enterprise (CVN 65) - Entró en servicio en 1961. Será reemplazado en el 2006 por el modernísimo CVNX1. Presta servicio en el Atlántico. Se iban a hacer seis como él, pero resultó demasiado caro.

Clase Kitty Hawk
Desplazamiento 80.945. Propulsión por turbinas de vapor. Aviones 80.

USS America (CVN66) Desmantelado en octubre de 1998. Se encuentra en Hulk. Filadelfia.

Clase John F. Kennedy
Desplaza 78.145 toneladas. Propulsión por turbinas. Tripulación de 4.965 hombres. Aviones 80.

USS John F. Kennedy (CVN67). Entró en servicio en septiembre de 1968. Destinado a la flota del Atlántico. Base en Mayport.

Clase Nimitz, Propulsión nuclear. Son los más grandes portaviones del mundo con 1,092 pies de largo y 97,000 toneladas de desplazamiento. Su plataforma de aterrizaje mide 4, 5 acres, transporta unos 75 aviones y desarrolla 30 nudos. Aviones 80. El reabastecimiento de combustible y revisión general cuesta 2.300 millones de dólares, se realiza cada 23 años y dura unos 33 meses. La vida operativa prevista para estas naves es de 40 años.

USS Nimitz (CVN68) San Diego, Calif. Entró en servicio en mayo de 1995 Entró en carena para reabastecimiento y revisión general en Newport News en junio del 2001. . En junio de 2003 estaba en ransi en ejercicios de entrenamiento. Estuvo destinado en el Golfo Persa.

USS Dwight D. Eisenhower (CVN69) Newport News, Va. Entró en servicio en 1977. Entró a reabastecer revisión y carga en Newport News en mayo del 2001.

USS Carl Vinson (CVN70) Bremerton, Entró en servicio en 1982 Está destinado en el Pacífico. En mayo del 2003 estaba en Australia en las celebraciones de la batalla del Mar del Coral. Luego hizo escala en Yokosuka y fue a Guam donde estuvo en mantenimiento en Apra Harbor . Ultimo reabastecimiento en 2006.

USS Theodore Roosevelt (CVN71), Norfolk, Va. Entró en servicio en 1986. Previsto el reabastecimiento para el 2011.

USS Abraham Lincoln (CVN72) Everett, Wash. Entró en servicio en 1989.

USS George Washington (CVN73) Norfolk, Va. Entró en servicio en 1992.

USS John C. Stennis (CVN74) San Diego, Calif. Entró en servicio en 1995. Visitó Honkong en 2003.

USS Harry S. Truman (CVN75), Norfolk, Va. Entró en servicio en 1998. Participó en la Guerra del Golfo.

USS Ronald Reagan (CVN76) Fue fletado en Northrop Grumman Newport News Shipyard en mayo del 2003. Reemplaza al Constellation.

USS George H.W. Bus (CVN77) En construcción. Entre los de la clase Nimitz es el más grande del mundo, se espera entre en servicio en 2009. Es un navío de Transición hacia la serie CVNX. Las catapultas son electromagnéticas y está altamente automatizado.

Serie CVNX

Buques revolucionarios altamente automatizados, lo que permitirá reducir la tripulación drásticamente. Propulsión nuclear. Catapultas electromagnéticas. Los sucesivos modelos irán reemplazando a los de la serie Nimitz hasta el 2025.

(CVNX1) Se inicia la construcción en 2006 y se espera entre en servició en 2013 para reemplazar al Enterprise.

(CVNX2) Se empezará a construir en 2011 para entrar en servicio en 2018 para reemplazar al *John F. Kennedy*.

Anexo C

Solidaridad interesada, ejemplo numérico

Pongamos un ejemplo numérico. Supongamos una situación con dos actores, involucrados en un juego que no es de suma cero y en el que son posibles tres estrategias por parte de cada jugador. El actor A puede elegir entre 1, 2 y 3, mientras el actor B puede elegir entre a,b y c.

Asumamos que las matrices de sus respectivas ganancias son:

Matriz de ganancias de A:		Actor A		
Estrategias		1	2	3
	a	42	52	**55**
Actor B	b	63	50	65
	c	***75***	***60***	70
Matriz de ganancias de B:		Actor A		
Estrategias		1	2	3
	a	51	47	**32**
Actor B	b	45	30	42
	c	***40***	***48***	28

Si el actor A aplica el teorema del mínimax de von Niewmann, elegirá la estrategia 3, que le asegura la ganancia máxima entre sus mínimas, es decir, buacaría asegurar una ganancia de: **55** como mínimo, que es superior a los 42 que aseguraría como mínimo con la estrategia 1 y a los 50 que conseguiría obtener como mínimo con la estrategia 2. Es decir, haga lo que haga el otro jugador, el jugador A se asegura una ganancia mínima de 55, si elige como estrategia la 3.

Si el actor B sigue la misma estrategia, elegirá la estrategia **a**, que le asegura obtener un mínimo de **32**, por encima de 30 y de 28 que serían los mínimos que obtendría de seguir las estrategias **b** y **c** respectivamente, con independencia de lo que A hiciese.

Hay una situación de equilibrio von Newmann en la casilla superior derecha, al elegir A la estrategia 3, con lo que obtendrá un beneficio de **55** al elegir B la estrategia **a** para obtener él mismo un beneficio de **32**. El beneficio total será de **87**. Es la práctica de Adam Smith, quien acertaba al afirmar que el comportamiento egoísta aseguraba el beneficio esperado por los demás, pero lo que *la mano invisible* asegura es un mínimo.

Si los actores A y B negocian, intercambiándose información, hay otra situación de equilibrio que mejora los beneficios de ambos. Pues si A actúa según la estrategia 2, en la seguridad de que B va a actuar según **c**, cosa que B hará sin ninguna duda si sabe de antemano, porque así lo han acordado, que A va a utilizar la 2, ambos salen ganando: A obtendrá ***60*** y B obtendrá ***48***. Hemos alcanzado un punto de equilibrio negociado de tipo Nash, mediante la acción coordinada de los actores, con el que la ganancia conjunta asciende a ***108*** y ambos actores mejoran sus ganancias.

Pero hay una solución mejor aún, que es la de utilizar fondos compensatorios o pagos de transferencia. Si A y B deciden utilizar el primero la estrategia 1 siempre y cuando B utilice la estrategia **c** y simultáneamente A acuerda transferirle a B un pago de 12. Tendremos que A habrá obtenido ***75*** y B ***40***, pero tras la transferencia compensatoria de esos 12 (que corresponden a los fondos estructurales o fondos de cohesión social), A se quedará con 63, cifra superior a los 60 de antes y a los 55 iniciales; mientras que B terminará con 52, cantidad a la que no podía haber aspirado sin la colaboración de A, por mucho que hubiese hecho. La ganancia conjunta asciende a ***114***.

Por supuesto, se pueden hacer las cosas mucho peor, si se diese el caso de que B tuviese poder suficiente para controlar a A y lo ejerciese, podría adoptar la estrategia **a**, imponiendo a A que utilice su estrategia 1, con lo que B obtendría 51, su máximo aparente, según sus cuentas (tabla de ganancias de B), mientras que A se tendría que conformar con 40. La acción de dominio que ello supone llevará al actor dominado A a intentar romper su colaboración con B, acción a la que B se opondrá. Es el caso de la antigua Yugoslavia, en la que Servia dominaba política, económica y militarmente, utilizando ese poder en su favor. Mejor que romper la unión entre los eslavos del sur, hubiera sido lograr una democratización auténtica de la república, abandonado Servia la acción dominante y adoptando todos una acción comunicativa que les hubiese permitido optimizar la utilización conjunta de los recursos de la región en beneficio de todos.

Otro problema surgiría si, establecido el diálogo, éste se plantease como una pugna por convencer al otro de que adopte las medidas que resultarían más ventajosas para nuestros propios intereses, sin plantearse ninguno de los actores involucrados las necesidades de los otros, ni la búsqueda de una solución óptima para el conjunto.

En tales condiciones, en nuestro ejemplo, el actor B dedicaría sus esfuerzos a que A aplique su estrategia 1 para utilizar el mismo la **a** y lograr obtener 51, sin importarle lo que ello pueda suponer para A, es decir, pretendería convencer a A de que voluntariamente acepte la política que B le impondría, de tener el poder para ejercer una acción de dominio sobre A, aunque fuese un perjuicio para A; mientras que A luchará por aplicar esa estrategia 1 que B le pide, pero siempre que B utilice su estrategia **c**, a fin de poder obtener 75, sin preocuparle la situación de B, es la solución imperialista, en la que la situación está dominada por un actor que impone sus deseos a los otros. Si no cambian de actitud en su negociación, nunca podrán llegar a ningún acuerdo.

Un requisito para poder identificar el óptimo es que cada parte conozca las necesidades de los otros actores, y las asuma como propias, con la aptitud de buscar juntos el bien común; es decir, que se aplique el principio de Burke, según el cual, cada negociador no debe limitarse a intentar imponer sus puntos de vista, sino a buscar en equipo lo mejor para el conjunto. Para lograrlo con eficacia es preciso que el número de actores no sea muy numeroso.

Anexo D

Territorios de los EE.UU. Sus ciudadanos votan en las elecciones federales.

Puerto Rico. Situado en el mar del Caribe. Capital: San Juan. Superficie: 9.079 Km^2. La isla de Puerto Rico fue descubierta en 1493 en el segundo viaje de Cristóbal Colón a América. Colón la bautizó con el nombre de San Juan Bautista y la ciudad con el nombre de Puerto Rico. España concedió a Puerto Rico su autonomía y los isleños celebraron la elección libre de su primer gobierno, pero algunos meses más tarde, la isla fue invadida por el Ejercito Americano y mediante el tratado de París fue cedida a los Estados Unidos, dando fin a la Guerra Hispanoamericana de 1898. Los residentes se convirtieron en ciudadanos de los EE.UU. en 1917 y en 1952 la isla pasó voluntariamente a ser un Estado Libre Asociado de los Estados Unidos.

Islas Marianas Septentrionales. Situadas en el Mar de Filipinas. Capital: Saipan. Es un estado libre asociado de los EE.UU.. Incluye 14 islas, entre las que se encuentran las de Saipan, Rota y Tiñan. La principal isla es Saipan. La superficie total del archipiélago es de 477 km^2. Era un territorio de las Naciones Unidas pero en 1970 decidieron no ser independientes y asociarse con los EE.UU. Las negociaciones para la asociación se iniciaron en 1972. Se aprobó una relación política más estrecha con la metrópolis en 1975. En 1978 se aprobó una nueva constitución.

Guam, Situada en la Micronesia, Capital: Agana. Superficie: 546 Km^2. Fue descubierta por Ferando Magallanes en 1521 y reclamada formalmente por España en 1521 como Chamorro. En 1668 llegaron misioneros jesuitas. Fue cedida a los EE.UU. en el tratado de Paris de 1898 y formalmente comprada a España en 1899. Se encuentra bajo la jurisdición de la marina norteamericana. Invadida por Japón tras Pearl Harbor, fue recuperada en 1944. En 1949 fue incorporada a los EE.UU. por el Presidente Truman mediante el Organic Act of Guam, gozando de un autogobierno limitado.

Virgin Islands Capital: Charlotte Amalie, St. Thomas. Son 50 islas pequeñas, muchas de ellas despobladas, con un área total de 395,2 Km^2. Cristóbal Colón las visitó en 1493. El archipiélago fue dividido en dos en el siglo XVII: una parte inglesa y otra danesa. En 1917, los EE.UU. compraron la parte danesa por 25 millones de dólares en oro. El territorio estuvo gobernado por los departamentos de Defensa e Interior hasta 1936. En la actualidad es un territorio norteamericano gobernado por un gobernador electo.

American Samoa Capital Pago Pago. Con un área total 199 km^2. Es un grupo de seis islas polinésicas: Eastern, Manu'a, Rose Island, Swains Island y Western. Samoa fue descubierta por los europeos en el siglo XVIII. En 1899 se zanjaron las rivalidades mediante un tratado que dividió el archipiélago entre Alemania y los EE.UU, quienes ocuparon su parte y el excelente puerto de Pago Pago al año siguiente. Pasó a ser territorio norteamericano en 1900. En 1951 se clausuró la base naval de Pago Pago. Se encuentra bajo la administración de la Oficina de Asuntos insulares de los EE.UU., bajo la autoridad del Departamento de Interior. Son tres distritos administrativos y dos islas: Eastern, Manu'a, Rose Island, Swains Island, Western.

Midway Islands. Son dos islas Sand Island y Eastern Island, cercadas por un arrecife de coral de 8 Km de diámetro que alberga una importante base naval con dos aeropuertos en medio del Pacífico. Fueron descubiertas por el capitán N.C. Brooks en Julio de 1859, tomando posesión de las dos islas, a las que se llamó Brook´s Islands, en nombre de los EE.UU. el 28 de agosto 1867, en cumplimiento de las órdenes recibidas del Secretario de Marina. En 1870 se realizó un canal a través del arrecife para crear un gran Puerto interior y en 1935 se construyó el primer aeropuerto. La batalla de Midway contra los japoneses fue decisiva para el control del Pacífico durante la segunda Guerra mundial.

Ocean Islands, reclamadas por los Estados Unidos por el Guano Act de 1856. Mediante el Guano Act, los EE.UU. pasaron a controlar 79 pequeños territorios en todo el mundo, de los que aún controla ocho de ellos.

-**Baker Island**, Situada en el Pacífico, Los EE.UU. Tomaron posesión de la isla en 1957. Había sido colonizada desde Hawai en 1935. En la actualidad está deshabitada. Superficie: 1.4 km^2.

-**Howland Island,** Situada a medio camino entre Hawaii y Australia. Superficie: 2.6 km^2. La isla fue reclamada por los EE.UU. en 1857.

-**Jarvis Island** Situada en el Pacífico central, al sur del Ecuador. Fue descubierta por los ingleses en 1821 y anexionada por los EE.UU. en 1858 y, tras extraer toneladas de guano, abandonada en 1879. El Reino Unido la recuperó en 1889, pero fue ocupada por los EE.UU en 1935, colonizada ese mismo año y puesta bajo la autoridad del Departamento del interior. En la actualidad es un Parque Nacional. Superficie: 4.5 km^2.

-**Kingman Reef** Fue anexionada por los EE.UU. en 1922, pasando su jurisdicción a la armada en 1934. Su lago interior sirvió de refugio a los barcos que iban de Hawai a la Samoa Americana durante la década de los 30. En el año 2001, fue designado como parque natural. Superficie: 1 km^2.

-**Atolón de Palmyra** Situada en el archipiélago de Hawai, el Reino de Hawai reclamó el atolón en 1862 y lo consideraba parte de su territorio. Anexionado por los EE.UU. en 1898**.** Depende del Departamento de Interior desde que Hawai fue reconocido como estado en 1959. Cuando Hawaii se hizo estado americano, no se incluyó el atolón de Palmyra, que pertenece como propiedad privada al Nature Conservancy. Superficie: 11.9 km^2.

-**Wake Island** Descubierta por Álvaro de Mendana en 1586, la llamó isla de San Francisco. Ocupada el 4 de julio de 1898, los EE.UU. anexionaron la isla en 1899. Dispone dos importantes bases, una aérea y otra naval, desde 1940. Fue ocupada por los japoneses y recuperada. Área 6.5 km^2 Administrada por el Departamento del Interior y gestionada por la Fuerzas aéreas Norteamericanas. Las islas Marshall reclaman la soberanía. Es administrada por el Comando Estratégico de la Defensa.

-Navassa Island Situada en el Caribe, Al sur de Cuba, con 8 Km tiene unos 4 km^2 de costa Fue descubierta por hombres de Cristóbal Colón en 1504 que iban en canoa de Jamaica a la Española. Fue reclamada por los EE.UU. en 1857 bajo el Guano Act de 1856. Documento por el cual se incorporaron a los EE.UU. otros territorios, como los de Baker, Jarvis, las islas Howland, el Kingman Reef y el atolón Johnston. La administración de la isla Navaza depende de la Guardia Costera del Departamento del Interior. En 1999 fue declarada parque natural. Está reclamada por Haití

-Atolón Johnston. Tanto el reino de Hawai como los EE.UU. anexionaron el atolón en 1959 pero los EE.UU. lo ocuparon y estuvieron extrayendo el guano hasta 1880. La US Navy se hizo cargo del atolón en 1934 y en 1948 asumió su administración la US Air Force. El lugar se utilizó para realizar pruebas nucleares en los años 50 y 60 e incluso hasta el año 2000. El atolón está contaminado de plutonio, tras explotar en 1997 un misil en su plataforma de lanzamiento. Al parecer es un depósito de armas químicas, tales como toneladas de gas mostaza, gas nervioso VX y sarin. Superficie: 2.8 km^2.

Anexo F

El proceso de adhesión y su aplicación al caso turco

Hemos de ser conscientes que el proceso de adhesión no es cosa de un día. Recuerdo como las autoridades locales con las que estuve comiendo un día en medio de Capadocia (generosa y espléndidamente invitado por ellos) me urgían a que les diese una fecha de adhesión, el ser posible no más tarde de la semana siguiente, como si la adhesión de un país fuese cuestión de decir "vale entra". Hay que comprender que se trata de subir a un tren en marcha que cada vez va más rápido. Como he dicho en más de una ocasión, ser miembro de la Unión Europea es como si uno se quiere hacer miembro de un club deportivo que pone a sus futuros miembros como requisito para asociarse estar en forma, correr 100 metros en 12 segundos, saltar 1,70 y calificar para participar en una olimpiada. No se trata de un club para ponerse en forma, sino en un club para mantenerse y potenciar a los que ya están en forma. Por consiguiente, hay que ponerse en forma antes de entrar en el club. Una forma política, económica y legal. Y a los que están en mala forma les cuesta años.

En esquema, el proceso es el siguiente:

Conferencias intergubernamentales bilaterales para preparar las negociaciones.

Firma del Acuerdo de Asociación
Turquía estableció su Acuerdo de Asociación en 1964 y fue firmado el 12 de septiembre de 1973.

Solicitud de adhesión.
Turquía presento su solicitud el 14 de abril de 1987.

Negociaciones
Se está en esa fase

Incorporación como miembro.

Los criterios que hay que cumplir para ser miembro son:
Criterios de Copenhague, definidos en el Consejo Europeo de Copenhague de junio de 1993.

Son tres grupos de criterios:

- **Criterios políticos:** La estabilidad de instituciones que garanticen la democracia, el imperio de la ley, el respeto por los derechos humanos y la protección de las minorías.

En Turquía hay problemas políticos como la participación del Ejercito en la política y con los curdos.

- **Criterio económico.** Una economía de Mercado con capacidad para poder competir con las fuerzas del mercado que actúan en la Unión.
- **Criterio comunitario:** Capacidad para asumir las obligaciones como miembro y haber adoptado el *acquis communautaire.* La forma de hacerlo es alineando las leyes y las estructuras del estado candidato a las de la Unión Europea. El *acquis* está dividido en 31 capítulos.

Criterios de Helsinki Definidos en el Consejo Europeo de Helsinky

Son dos:

- La necesidad del candidato de compartir los valores y objetivos de la Unión Europea.
- No tener disputas fronterizas.

Los criterios son condiciones previas para abrir las negociaciones de adhesión, pero podrían abrirse conversaciones en paralelo con la adopción de un programa firme para la resolución de los puntos pendientes.

Definición de Candidatos :
Debe ser un Consejo Europeo el que defina qué paises califican como candidatos a miembros de la unión Europea.

El Consejo Europeo de Helsinki de diciembre de 1999 definió a Turquía como país candidato.

Estrategia de pre-admisión :
El Consejo Europeo de Essen de 1994 definió la estrategia para prepararse como miembro de la Unión Europea, de acuerdo con las directrices siguientes:

- Firmar un Acuerdo de Asociación
- Armonizar la legislación
- Implantar la medidas claves en cada sector económico y politico según el White Paper de mayo de 1995
- Institucionalizar el diálogo entre el país candidato y la Unión.
- Aplicar el programa Phare

Ayudas financieras
La Agenda 2000 establece las ayudas financieras para apoyar el proceso de adhesión. Estas incluyen:

- Programa de ayudas Phare para la creación de instituciones y el desarrollo de tareas que faciliten la adopción del acquis a fin de evitar periodes de transición tras la incorporación.

El Consejo Europeo de Berlín creó en marzo de 1999 dos instrumentos adicionales para facilitar el periodo de pre adhesión:

- ISPA (Pre-Accession Structural Instrument), ayudas estructurales a las infraestructuras, el transporte y los proyectos sobre el entorno.
- SAPARD (Special Accession Programme for Agriculture and Rural Development), una ayuda para el desarrollo de la agricultura.

En marzo de 2000 el programa PHARE fue revisado para incluir los programas ISPA y SAPARD.

En el futuro se podrán crear nuevos instrumentos de ayuda al país candidato.

Adicionalmente existe Instituciones Internacionales de Financiación y cofianciación de proyectos.

Préstamos del Banco Europeo de Inversiones.

Adicionalmente, Turquía se beneficia del proyecto MEDA de facto, 15% de los fondos MEDA son destinados a Turquía.

Recursos Humanos
La Oficina para la Asistencia y el Intercambio Técnico (**TAIEX**) facilita expertos para el desarrollo tecnológico.

El programa **SIGMA** proporciona soporte para la mejora de los métodos de gobierno y de gestión.

El Acuerdo de Adhesión :
Fija tres elementos:

- Las áreas de prioridad para adoptar el *acquis communotaire*
- El programa de asistencia financiera
- La aplicación de las ayudas para cumplir con los criterios de Copenhague.

El país candidato deberá desarrollar:

- Un programa nacional para la adopción del *acquis communitaire*, fijando las leyes específicas que deberán ser cambiadas y las reformas administrativas que se deberán realizar, fijando los recursos que se van a dedicar al proyecto.
- Un plan contra el crimen organizado
- Una evaluación conjunta da las prioridades en política económica.

Los 31 capítulos del *acquis communitaire* deberán detallarse uno a uno.

El Acuerdo de Adhesión :
Facilita:

Los acuerdos de Adhesión
La Asociación para el Acceso
Participar en las Agencias de la Unión Europea
Preparar las negociaciones
Crear las condiciones para el Acuerdo de Adhesión

El Acuerdo de Adhesión :
Permite:

El Dialogo Político entre las partes
Establecer ventajas comerciales
La liberalización económica
Asistencia financiera
Alta cooperación económica y social
Crear la Asociación para la Adhesión

Programa Nacional para la adopción del *acquis* (NPAA)
El NPAA identifica los recursos económicos y humanos necesarios para conseguir cumplir con las condiciones de adhesión

Evaluaciones del progreso
La Comisión es la encargada de evaluar el progreso logrado en el cumplimiento de los criterios de Copenhague. Sus conclusiones son publicadas en un Informe Regular basado en:

La información facilitada por el gobierno del país candidato.

Informaciones de los informes internos de las Instituciones de la Unión Europea Informes facilitados por los países miembros.

Calendario para las negociaciones
El Consejo Europeo fijará un calendario detallado para las negociaciones

Comienzo de las negociaciones:
A propuesta de la Comisión, un Consejo Europeo deberá aprobar el comienzo de las negociaciones.

Negociaciones de adhesión:
Las negociaciones se centran en la capacidad del candidato para cumplir con los **requisitos de** adhesión.

Las negociaciones se realizan en el seno de una serie de conferencia Intergubernamentales bilaterales.

La posición negociadora de la Unión Europea se adoptará en un Consejo Europeo.

El proceso de negociación es complejo

La Comisión proporciona un· road map con la secuencia en la que se afrontarán los diferentes capítulos.

El país candidato prepara un Position Papers con los capítulos que considera están en condiciones de ser negociados.

El proceso será controlado y monitorizado.

Opinión Publica
Será necesario obtener la legitimación democrática del proceso de adhesión.

Conseguir la aceptación de la opinión pública es parte del proceso de adhesión. Informar a los ciudadanos de los beneficios de la adhesión en el país y a los de la Unión, las ventajas de la ampliación.

Clarificar las inquietudes y las dudas.

Dar a conocer a los ciudadanos los beneficios de la ampliación
En el país:

Mejora de la seguridad, la libertad y la justicia
Garantizar una paz duradera
Mejorar el potencial de crecimiento económico
Estabilidad política
Mejora de las condiciones sociales
Salvaguardar el medio ambiente
Políticas económicas, de seguridad y justicia comunes con todo el continente
Mayor peso internacional
Mejorar las condiciones para afrontar la globalización
Más oportunidades para el comercio
Posibilidades de inversiones extranjeras directas
Mejores infraestructuras y transportes

En la Unión europea
Aumentar el tamaño del mercado único
Nuevas oportunidades de inversión y comercio
Control de la emigración, la polución , el tráfico ilegal y el crimen organizado
Seguridad, estabilidad y prosperidad

Aclarar las inquietudes y las dudas
En el país

Temas de soberanía
Perdida de la identidad
Capacidad para influir en los temas

En la Unión Europea
Emigración incontrolada
Cargas financieras adicionales
Pérdidas de empleo
Criminalidad importada
Deterioro del medio ambiente

Adaptación de las instituciones a la Unión europea
La Unión Europea deberá adaptar sus propias instituciones a los requisitos de la ampliación.

El Tratado de Niza preparó a la Unión para poder acometer la ampliación del 2002

Adhesión
La adhesión tiene lugar tan pronto como el país candidato tiene capacidad para asumir sus obligaciones como miembro de la unión y satisface las condiciones políticas y económicas.

Protocolo Europeo de Evaluación de Conformidad

Al emitirse el Protocolo, las negociaciones cesan por haber sido concluidas con éxito.

Post- Adhesión
Una vez que la adhesión ha tenido lugar, el periodo de post-adhesión sirve para resolver las cuestiones que quedaron pendientes durante el periodo de negociación.

En este periodo deberán respetarse los compromisos adquiridos durante la negociación.

Habrá que mantener un esfuerzo continuo para realizar las reformas pendientes

Se deberán acometer otros proyectos europeos, como la incorporación al euro y la intensificación de una política exterior y de seguridad común.

Buscar nuevos proyectos para ampliar y profundizar la Unión.

Periodos transitorios
Después de la adhesión, algunos temas pueden quedar pendientes y sujetos a un periodo transitorio.

Las medidas transitorias son individuales y no establecen un precedente para otros países

Las solicitudes de transitoriedad para temas fundamentales no pueden ser aceptadas.

Recomendaciones a los países candidatos
Firmar cuanto antes un Acuerdo de Asociación

Participar en tantas agencias y programas europeos como les sea posible:

ERASMUS
Agencia Europea del Medio Ambiente
EMCD (control de drogas)

Adaptar el sistema estadístico al Eurostat
Prepara un NPAA realista
Mantener informado al público
Preparar una estrategia de comunicaciones
Controlar la incertidumbre
Identificar los temas a tratar en las negociaciones
Atender las recomendaciones de los Informes regulares
Participar en conferencias y foros sobre el futuro de la Unión

Solventar los requisitos políticos
Especialmente contar con elecciones nacionales libres y transparentes
Control del estamento militar por el civil
Resolver los problemas con las minorías y los conflictos fronterizos
Fortalecer los sistemas democráticos en el gobierno.

Modernización del sistema de la administración pública y judicial
Identificar y resolver los problemas de corrupción
Reducir las disparidades regionales
Controlar los gastos del gobierno
Controlar los parámetros de convergencia: Inflación, desempleo, tipos de interés, crecimiento del producto nacional, déficit público, déficit por cuenta corriente.

Entorno empresarial competitivo
Eliminar barreras e instrumentos que restrinjan el comercio
Liberalizar los precios
Liberalizar los servicios
Flexibilizar el Mercado laboral
Desarrollar el sector financiero

Aplicación efectiva de los requisitos del adquis
Implica:

Adaptar las estructuras administrativas a los requisitos del *adquis.*
Igualdad de oportunidades para las mujeres Respeto a los derechos de las minorías
Mejorar las regulaciones fitosanitarias
Control del medio ambiente

Una consideración final
Hay que tener en cuenta que todo cambio hacia el progreso sufre el *Efecto Schumpeter* de generar procesos destructivos que deberán ser asumidos. Es decir, habrá que renunciar a instituciones, estructuras de poder y leyes tradicionales, proceso que puede ser doloroso para algunos.

Conclusión
Como vemos, es un proceso largo y complejo lleno de dificultades. Además, recordemos que la opinión pública deberá estar de acuerdo, tanto en el pais como en el resto de la Unión. Aunque si al final no se llegase a un acuerdo, el esfuerzo no sería perdido, pues habrá contribuido a la modernización del país y al saneamiento económico y político.

Ante la posibilidad de fracaso, habría que tener alguna alternativa. Un plan B.

Bibliografía

Abu Nasr al Farabi. *La Ciudad Ideal.* Tecnos, Madrid, 1995.

Adorno. *Terminología filosófica.* Taurus. Madrid, 1987.

Alesina, Alberto y otros. *Economic integration and political disintegration.* The Economic Review 90, 5 pag. 1276-1296. 2000,

Ansell. *The Networked polity: Regional development in Western Europe.* Governance 12, 3 pag. 303-333. 2000,

Apel, Karl. *Teoría de la verdad y ética del discurso.* Piados, barcelona 1991.

Arendt, Hannah. *De la historia a la acción.* Piados. Barcelona. 1979.

Arendt, Hannah. *La condición humana..* Piados. Barcelona. 1996.

Arendt, Hannah en "The life of the Mind", Harcourt Brace & Co., Orlando,1978.

Aristóteles. *Metafísica.* Alianza Editorial. Madrid. 1981.

Aristóteles. *Política.* Alianza Editorial. Madrid. 1998

Aristóteles. *Retórica.* Alianza Editorial. Madrid. 1998.

Aubenque, Pierre. *El problema del ser en Aristóteles.* Taurus Humanidades. Alfaguara.

Aubenque, Pierre. *Etudes sur Parménide.*

Austin. *How to do things with words.* Urmson and Marina Sbisa. Ed. Harvard, 1997.

Ayer. Languege. *Truth and logic.* Pinguin. London 1990.

Bacon. Novum Organum, 1620.

Balbontin, Manuel. La Invasión Americana, 1846 á 1848. Apuntes del Subteniente de Artillería. Mexico: Esteva, 1883.

Barry Allen, *Truth in Philosophy.* Harvard University Press,1993.

Bentham. *A Fragment on Government*, Ed. J.H. Burns and H.L.A. Hart, London: The Athlone Press, 1977.

Belin, Isaiah, *Cuatro ensayos sobre la libertad.* Alianza Editorial. Madrid 1998.

Benavente, Jacinto *El árbol caído.*

Berger, Peter y Luckmann, Thomas. *La construcción social de la realidad.* Ed. Aorrortu. Buenos Aires 1997.

Berkeley. *Principios del conocimiento humano.* Aguilar. Buenos Aires 1980.

Bergson, "La pensée et le mouvement". Pressés Unv. De France, Paris, 1993.

Bomberg y J. Peterson. *European Union decision making: The roll of subnational authoriries.* Political Studies 46, 2 pag 219-235. 1998.

Börzel. *Nations and regions in Europe.* Cambrige University Press. Cambridge 2001.

Bunge, Mario. *El problema mente cerebro.* Tos. Madrid.1988.

Burke, Edmund. *Discurso de 1774.*Ver: John Elster, Deliberative Democracy.

Caporaso. *Changes in the Westphalian order.* Intnal. Studies Review. 2, 2 pag. 1- 28. 2000.

Cassirer. *Antropología filosófica.* Fdo. De Cultura Económica. México 1994.

Chomsky. *New Horizons in the Study of Language and Mind.* Cambridge Un. Press. Cambridge 2002.

Cicerón, *De Republica.*

Colomer, Antonio, *El retorno de Ulises, una filosofía política alternativa.* Amadis, Valencia 2002.

Comisión Europea,. *El libro verde de la energía,* 2002. http://europa.eu.int/comm/energy_transport/doc-principal/pubfinal_fr.pdf

Comte Auguste, *Discours sur l'esprit positif,* Librairie philosophique J. Vrin 1990.

Cutrefello, On the transcendental pretensions of the principle of charity, en Hahn, The philosophy of Donald Davidson, La Salle, 1999.

Davidson, Donald. *Mente, mundo y acción.* Piados. Barcelona 1992.

Dawson, Chistopher. Understanding Europe. Image. New York, 1960.

Decartes. *Regles pour la direction de l'esprit.* Vrin, Paris. 1970.

Dostoyevsky. *Los Hermanos Karamazov*

Durkheim. *Las reglas del método sociológico.* Akal. Madrid 1991.

Elster, John. *Deliberative Democracy.* Cambride Unty. Press. 1998.

Erasmo de Rótterdam. *Educación del príncipe cristiano.* (Institutio Principis Chistiani 1516). Tecnos. Madrid 1996.

Ernst. Ángel, *El teorema de Gödel.* Tecnos. Madrid. 1994.

Fernández Alvarez, Antonio. *Manual de Economía y Política de la Unión Europea*. Ed. Trotta. Madrid 1997.

Feyerabend, *Diálogos sobre el conocimiento,* Ediciones Cátedra. Madrid 1991.

Foucault, Michel. *Les mots et les choses.* Tel Gallimard. Pris. 1966.

Foucault, Un diálogo sobre el poder, Alianza Editorial, Madrid, 1988.

Foucault, Microphysique du pouvoir, Microfísica del poder. Ediciones la Piqueta, Madrid, 1991.

Foucault, Michel, *La verdad y las formas jurídicas.* Gedisa. A 1991

Frege. *Esayos de semántica y filosofía de la lógica.* Tecnos. Madrid. 1998.

From, Eric, *El miedo a la libertad.*

Fukuyama. *The end of History.* Avon Books. New York, 1993.

Fukuyama. *Trust.* The free press. New York. 1996.

Gabilondo, Angel. *Menos que palabras.* Alianza Editorial. Madrid, 1999.

Gabilondo, Angel. La vuelta del otro Editotial Trotta. Madrid, 2001.

Gandhi. *La verdad.* Longseller. Buenos Aires. 1999.

García Fernández, Alberto. *Teoría del desequilibrio económico.* Apuntes UAM, 1998.

García López. *Doctrina de Santo Tomás sobre la verdad.* EUNSA 1967

García Morente. *Ensayos sobre el progreso*, Ediciones Encuentro. Madrid 2002.

García Morente. *Lecciones preliminares de filosofía*. Ed. Porrúa, Maxico. 1992.

Gehlen, Arnold. *El hombre.* Ed. Sígueme. Salamanca. 1987.

Gilson, Etienne. *El ser y los filósofos.* Eunsa. Pamplina 1985.

Gierke, Das Wesen der menschlichen Verbämde, 1902.

Habermas, Jürgen. *Teoría de la acción comunicativa*, Taurus Humanidades, Madrid 1992.

Habermas, *Verdad y justificación*, Editorial Trotta S.A. Madrid 2002.

Habermas, Jürgen. *Más allá del estado nacional.* Trotta. Madrid. 2001.

Habermas. *Identidades nacionales y postnacionales.* Tecnos. Madrid 1989.

Habermas. *Acción comunicativa y razón sin transcendencia*, Paidos Studio, Barcelona 2002.

Habermas. *Escritos sobre la moralidad y eticidad*. Paidos, Barcelona, 1987

Habermas. *Ciencia y Técnica como ideología*. Frankfurt, 1968.

Han Fei Zi. *El arte de la política*. Tecnos. Madrid 1998.

Hans Morgenthau. *The Struggle for Power and Peace.*

Hegel, *Fenomenología del Espíritu*, Ed. F.C.E., Madrid, 1966.

Hempel, Carl G. *Filosofía de la Ciencia Natural.* Alianza Editorial, Madrid 1993.

Heidegger, *El ser y el tiempo*, Fondo de Cultura Económica, Madrid, 1967.

Heidegger, *El concepto de tiempo*. Trotta. Madrid 2001.

Heidegger, *Identidad y diferencia*, Anthropos, 1990.

Hernán Cortés. *Crónica de la conquista de Nueva España*. Austral. Espasa Calpe. Madrid, 1997.

Hierro S. Pescador, José. *Significado y verdad*. Alianza Editorial; Madrid 1990

Hobbes. *Libertad y necesidad*. Nexos. Barcelona 1991.

Hooghe. *Multilevel governance and European integration*. Rowman & Littlefield. 2001.

Hold Ferneck, Alexander. Der Staat als Übermensch, 1926.

Hume, *Investigación sobre los principios de la moral.* Austral. Espasa Calpe. Madrid 1991.

Hume, *Investigación sobre el conocimiento humano.* Alianza Editorial. Madrid 1995.

Husserl, Edmund, *La idea de la fenomenología*, Fondo de cultura económica, 1982

Jacobi, Über die Lehre das Spinoza in Briefen an den Herrn M. Mendelssohn, Breslau 1785.

James, William, *The meaning of truth*. Harvard. Boston 1994.

Jaspers, Karls. *Origen y meta de la historia*, Altaya, Barcelona 1995.

Juan Pablo II, *Razón y Fe.*

Jiménez, Juan Ramón, *Platero y Yo.*

Jung, *Man and His Symbols*

Kalypso. *The federal vision beyond the state*. Oxford University Press. Oxford pag. 442-470. 2001.

Kant, *Metafísica de las constumbres.* Porrúa. México 1990.

Kant, *Crítica de la razón pura* (1781). Porrúa. México 1991.

Kant, *Critica del Juicio.* Porrúa. México 1991.

Kant, *Ideas para una historia universal en clave cosmopolita.* Tecnos. Madrid 1994.

Kant, *Los progresos de la Metafísica de Leibnitz a Wolf.*

Kant, *Critica de la razón práctica,* Riga 1788, Editorial Porrúa S.A. Méjico 1990.

Kant, *La paz perpetua,* Königsberg, 1795, Editorial Porrúa, Méjico, 1990

Kirzner, Israel. *How Markets Work.* IEA. New York. 1995.

Kelsen, Hans. *El Estado como integración,* Tecnos, Madrid 1997

Kripke, *El nombrar y la necesidad.* (Naming and Necessity, 1981). Unv. Nacional Autónoma de México. México 1995.

Krishmamurti. *On freedom.* Victor Gollancz. London 1992.

Kuhn, *Las revoluciones científicas*

Künkel, Fritz. *Del yo al nosotros.* Ed. Luis Miracle, Barcelona 1957.

Laín Entralgo, Pedro. *Teoría y realidad del otro.* Alianza Ed. Madrid 1998.

Lakoff y Johnson: *Metáforas de la vida cotidiana.* Cátedra. Madrid 1991.

Le Goff, Jacques. *La vieja Europa y el mundo moderno.* Atalaya. Buenos Aires. 1998.

Leibniz. *Escritos en torno a la libertad, el azar y el destino.* Tecnos. Madrid.1990.

Leibnitz. *Teodicea.*

Locke. *Ensayo sobre el entendimiento humano.* Aguilar. Buenos Aires 1970.

Locke. *Tratado sobre el gobierno civil.* Alianza Editorial. Madrid. 1990.

Locke. *La conducta del entendimiento y otros ensayos póstumos,* Anthropos, 1992.

Lock, *Carta sobre la tolerancia,* 1689, Tecnos, Madrid 1994.

Lorca, Alejandro. *Tres poderes, tres mares, dos ríos.* Ed. Encuentro. Madrid 1996.

Lovestok. Gaia.

Lutero. *Las 95 tesis.*

Majone, *Europe's democratic deficit.* European Law Journal, 4, 1 pag. 5- 28. 1998.

Marcel, Gabriel. *Le Mystère de l'être.* Ed. Présence de Gabriel Marcel. Paris. 1997.

Marcel, Gabriel. *Éter et avoir.* Ed. Universitaires. Paris. 1991.

Marías, Julián. *Tratado sobre la convivencia.* Ed. Martinez Roca. Barcelona 2000.

Marías, Julián. *Persona.* Alianza Editorial. Madrid. 1996.

Martin, Chistopher. *The philosophy of Thomas Aquinas.* Ed. Routledge 1989.

Mashlow, Abrahan. El hombre autorrealizado. Ed. Kairós. Barcelona, 1993.

Marx, Karl. *El Capital.* Ed. Orbis S. A., Barcelona 1967.

McGinnis, *Polycentric games and institutions.* University of Michigan Press. 2000.

Mill, J. Stuart. *On Liberty* (1859). Penguin Books. New York, 1977.

Mill, J. Stuart. *Comte y el positivismo*, Aguilar, 1977.

Mo Ti, *Política del amor universal.* Ed. Tecnos, Madrid, 1987.

Morcillo Ortega, Patricio. *Dirección Estratégica de la Tecnología e innovación.* Civitas. Madrid 1997.

Morgenthau, Hans. *Politics Among Nations: The Struggle for Power and Peace*

Netzsche, Friedirch. *Sobre verdad y mentira.* Tecnos. Madrid 1994.

Ortega y Gasset, José. *Relativismo y Racionalismo*, El Arquero. Madrid 1966.

Ortega y Gasset, José. *Apuntes sobre el pensamiento.* El Arquero. Madrid 1966.

Ortega y Gasset, José. *Meditación de la técnica.* El Arquero. Madrid, 1968.

Parménides, Poema. Fotocopia apócrifa.

Pinillos, Jose Luis. *La mente humana.* Ed. Temas de hoy. Madrid. 1992.

Pirenne, Henri. *Mohammed and Charlemagne*, Georg Allen & Unwin Ltd. London 1939.

Popper, Karl. *Conjectures and Refutations* 3 ed.. R. Routledge & Kegan, London 1969.

Popper, Karl. *Objective Knowledge,* Oxford, 1979 pag. 106.

Quine, W.V. *La poursuite de la vérité.* Ed. du Seuil. París. 1992.

Rubio de Urquía, Rafael. *Concepciones de la acción humana.* Rev. del Trabajo y S.S., 1993.

San Agustín, *Confesiones*, (Obras) BAC. Madrid 1970.

Samuelson Paul A. /William D. Nordhaus, Mc Graw Hill Aravaca (Madrid) 1990.

Saussure, *Course in General Linguistics.*

Sartre. El *Ser y la nada*. Altaya. Barcelona.

Scheler, Jahrbuch, t.II.

Schelling, Investigaciones filosóficas sobre la esencia de la libertad humana y los objetos con ella relacionados, Landshut 1809, Antropos, Barcelona 1989.

Schopenhauer, *De la cuádruple raíz del principio de la razón suficiente* (su tesis doctoral). Gredos. Madrid 1989.

Schopenhauer, *El arte de tener razón*. Biblioteca Edaf. Madrid, 2001.

Schopenhauer, *Los designios del Destino.* Tecnos. Madrid 1994.

Schopenhauer, *Sobre la volundad de la naturaleza*. Altaya. Barcelona 1994.

Schopenhauer, *El mundo como voluntad y representación*. Porrúa. México. 1992.

Sexto Empírico, *Esbozos Pirrónicos*. Ed. Gredos. Madrid 1993.

Solow, Robert M. "*A Contribution to the Theory of Economic Growth*" Quaterly Journal of Economics. 1956 Febrero.

Smend, Staattsrechtliche Abhandlungen , Dunker & Humblot, Berlin, 1968.

Tarsky, *Concetto di verità e linguaggi formalizzati.*

Teilhard de Chardin *Le milieu divin.*

Tomás de Aquino. *Summa Teológica*. BAC. *Tratado de la Unión Europea y Tratado de la Comunidad Europea.* Mc Graw Hill. Aravaca (Madrid). 1999.

Treisman. *Political decentralization and economic reform.* American Journal of Political Science, 43, 2. pag. 488-517. 1999.

Toulmin, *Human Understanding*, Princenton, 1972

Uribe. Biografía del General Santa Anna, y convenio secreto que celebró con el presidente de los Estados Unidos. Mexico: 1847.

Vázquez Barquero, Antonio. *Desarrollo, redes e innovación*. Pirámide. Madrid 1999.

Vives, Juan Luis, *Diálogos y otros escritos*, Planeta. Barcelona 1988.
Von Mieses. *La acción humana*. Unión Editorial. Madrid 1995.
Watts. *Comparing federal systems*. McGill-Queen Un. Press. Montreal, 1999.
Wittgenstein, *Tractatus Logico Philosophicus,* Alianza Universidad, Madrid, 1992
Wittgenstein, *Sobre la certeza*. Gedisa. Barcelona 1997.
Zambrano, María. *Persona y democracia*. Anthropos. Barcelona 1992.
Zubiri, *Sobre la esencia*, Alianza Editorial, Madrid 1985.
Zubiri, *Cinco lecciones de filosofía*. Alianza Editorial, Madrid 2002.
Zubiri, *El hombre y la verdad*. Alianza Editorial. Madrid.1999.

www.ingramcontent.com/pod-product-compliance
Lightning Source LLC
Chambersburg PA
CBHW061355280526
45784CB00001B/259

* 9 7 8 1 4 3 4 3 1 7 4 4 5 *